FAMILIAS EN CONFLICTO
Cómo prevenir, detectar y actuar

Juan Carlos Sánchez

FAMILIAS
EN CONFLICTO
Cómo prevenir, detectar y actuar

Mestas
ediciones

© Juan Carlos Sánchez
© JORGE A. MESTAS EDICIONES, S.L.
Avda. de Guadalix, 103
28120 Algete - Madrid
Tel. 91 886 43 80
Fax: 91 886 47 19
E-mail: info@mestasediciones.com
www.edicionesmestas.com
http://www.facebook.com/MestasEdiciones
http://www.twitter.com/#!/MestasEdiciones

Director de colección: Juan José Jurado

Primera edición: *Septiembre, 2013*

ISBN: 978-84-92892-20-4
Depósito legal: M-15048-2013
Printed in Spain - Impreso en España

A Noa, mi nieta
que viene en camino.

Índice

Introducción

"En el terreno de la violencia entre las personas no existe una edad de oro que añorar." Luis Rojas Marcos.

Nuestras sociedades se están preocupando cada vez más por las múltiples situaciones de maltrato que se producen en las relaciones humanas. Afortunadamente existe una sensibilidad creciente ante la violencia o el abuso ejercidos hacia los otros y sus consecuencias. Estamos comenzando a darnos cuenta, a "visibilizar," aspectos relacionales problemáticos que anteriormente han pasado inadvertidos, no porque no existieran y no pudieran ser vistos; sino por estar "invisibilizados" a los ojos y a las mentes de casi todos, a veces incluso de las propias víctimas.

¿Por qué digo "invisibilizados"? Porque solo vemos lo que nuestra sensibilidad es capaz de percibir, y algunas formas de maltrato que ahora nos parecen horribles hasta hace poco tiempo podrían aparecer como normales, habituales, naturales…, estaban naturalizadas.

Los seres humanos nos guiamos por unos valores dominantes que nos hacen distinguir lo que nos parece correcto de lo que no es lícito desde el punto de vista moral o ético. Pero la moral o la ética social es dinámica, cambiante. Parece ser que cambia a partir de la confrontación de corrientes de pensamiento vigentes en cada momento. Lo que a la sociedad de mitad del siglo XX le podía parecer moralmente aceptable, puede no parecerle tan correcto a la sociedad del siglo XXI. Lo que a ojos de nuestros abuelos podía entenderse como "natural" o "normal" en las relaciones hombre-mujer, esposo-esposa, padres-hijos, jefes-subordinados, etc.; puede parecernos a nosotros anómalo, injustificable, reprobable,…

¿Por qué se producen estos cambios?

Porque el paradigma democrático nos presenta a todas las personas como seres libres, dueños de nuestra propia dignidad, iguales ante la ley…, y esto que queda plasmado en los grandes documentos programáticos, se va asentando lentamente en nuestras mentalidades y conformando nuestras identidades.

Porque las ciencias sociales nos informan de las consecuencias que sufren las víctimas de los diferentes tipos de violencia, cuya vida puede quedar condicionada por las experiencias sufridas.

Porque, afortunadamente, la cultura dominante en el mundo occidental, aunque no esté nunca exenta de amenazas, camina hacia un mundo globalizado que exige una "ética universal" con valores ecológicos en su más amplio sentido.

Sin embargo tenemos la percepción de que nunca antes hubo tantos casos de violencia en las familias, y podríamos pensar que se trata de un fenómeno nuevo. ¿Es esto cierto? Parece que no. La violencia nos ha acompañado a los seres humanos a lo largo de la evolución (recordemos como ejemplo la historia bíblica de Caín y Abel). Quizá ahora seamos más sensibles. Ojalá. Y los medios de comunicación ayudan a destacar como noticia los casos más graves, algo que no siempre ha ocurrido.

También se ha producido un cambio sustancial en la sociedad que antes concebía el espacio familiar como algo sustraído a la ley general. Lo que ocurría en cada casa pertenecía a su intimidad inviolable. Ahora, por el contrario, se considera que la violencia no es un aspecto de la intimidad familiar, sino una lacra social a la que hay que combatir.

Afortunadamente, y aunque nos parezca lo contrario, la humanidad camina en una senda de disminución de la violencia tal y como demuestran las investigaciones del psicólogo social Steven Pinker, profesor de la Universidad de Harvard.

Es mi propósito analizar los fenómenos de maltrato que se producen en el seno familiar con mayor frecuencia. Analizar quiénes intervienen, qué intereses se confrontan, qué causas lo producen, qué mecanismos se despliegan. Todo ello con el objetivo de conocer pautas de prevención del fenómeno de la violencia intrafamiliar y el maltrato, para detectarlo cuando se está produciendo, o para afrontarlo cuando lo padecemos.

También manifestar que he utilizado el masculino como genérico en castellano, lo que, al menos conscientemente, solo presupone una intención de economía del lenguaje.

Comencemos nuestro estudio analizando de forma sencilla qué podemos entender por familia y cómo ha evolucionado la misma.

"Y queremos también ser tratados como humanos, porque eso de la humanidad depende en buena medida de lo que los unos hacemos con los otros. Me explico: el melocotón nace melocotón, el leopardo viene ya al mundo como leopardo, pero el hombre no nace ya hombre del todo ni nunca llega a serlo si los demás no le ayudan. ¿Por qué? Porque el hombre no es solamente una realidad biológica, natural (como los melocotones o los leopardos), sino también una realidad cultural." Fernando Savater.

PRIMERA PARTE
Familia y convivencia

"Casi todos nosotros nos hemos visto a veces impulsados, aun cuando el impulso haya sido breve, a intervenir en la solución de los problemas de la sociedad, y casi todos nosotros sabemos muy bien que nuestra tarea es dejar un mundo algo mejor de cómo nos lo encontramos".

Cyril Yoad.

I. La familia

Pertenecemos a nuestra familia desde la cuna y esta pertenencia se mantiene a lo largo de toda la vida. No conocemos ningún otro sistema cuya influencia en el desarrollo humano sea mayor, porque marca nuestro desarrollo vital. Los vínculos, sobre todo los emocionales, que se tejen en las primeras fases de la vida de un ser humano influyen trascendentalmente en el desarrollo de la persona. Lo más íntimo de las personas, lo mejor y lo peor, conviven en su interior y en su círculo familiar.

"La familia constituye el compromiso social más firme de confianza, el pacto más resistente de protección y de apoyo mutuo, el acuerdo más profundo de amor que existe entre un grupo de personas. Sin embargo, el hogar familiar es también un ambiente pródigo en contrastes y contradicciones. Nos ofrece el refugio donde cobijarnos y socorrernos de las agresiones del mundo circundante y, simultáneamente, nos encara a las más intensas pasiones humanas. La casa es el terreno de cultivo donde se desarrollan las relaciones más generosas, seguras y duraderas, y, al mismo tiempo, el escenario donde más vivamente se manifiestan las hostilidades, las rivalidades y los más amargos conflictos entre hombres y mujeres, y entre adultos y pequeños". L. Rojas Marcos, "Las Semillas de la Violencia", 2008.

La antropología social y cultural nos enseña que a lo largo de la historia de la humanidad, todas las culturas han desarrollado actividades y mantenido creencias que se agrupan en la esfera doméstica de la vida. Actividades como la preparación y consumo de los alimentos, el aseo, el descanso nocturno, el abrigo, la procreación, las relaciones sexuales, el cuidado de los miembros del grupo, la enculturación de la descendencia, la economía y la producción, etc.; se realizan en grupos nucleares más o menos extensos en la mayoría de las civilizaciones.

En la evolución de la humanidad las diferentes culturas han dado respuesta a las necesidades de supervivencia mediante la adopción de organizaciones eficientes en cada momento para asegurar la permanencia del grupo desde la esfera de la seguridad física y alimentaria principalmente. Es sabido que existen y han existido sociedades en las que la poligamia está permitida porque aporta soluciones a los problemas a los que es preciso enfrentarse.

El ser humano se ha organizado en bandas, aldeas, clanes, tribus, reinos, estados, federaciones, confederaciones,...; y cada organización ha desarrollado un tipo de núcleo básico al que podríamos llamar familia nuclear. Por otra parte, el modo de obtención de los bienes para la supervivencia del grupo nuclear parece haber determinado su composición y su organización. La familia nuclear formada por un hombre, una mujer y sus hijos ha sido considerada por los agentes culturales dominantes en la cultura occidental como la organización "natural" de la especie humana. Los estados y las iglesias u organizaciones que velan por el control de las diferentes creencias en las distintas culturas, han creado una "naturalización" de lo que en realidad es meramente una respuesta cultural a las condiciones del medio. No es mi intención despreciar la importancia que tiene la familia nuclear entendida de esta manera, sino ofrecer otro punto de vista a esta idea de su origen natural y, si lo apuramos, hasta divino.

El ser humano camina por una senda que lo conduce desde la naturaleza hacia la cultura. En este momento de la evolución humana ya no podemos apelar con seguridad a la naturaleza como argumento que pueda explicar nuestras conductas porque, a diferencia de los animales, carecemos, hemos perdido el instinto como guía de nuestras conductas.

No creo que quepa duda de la importancia que tiene para un ser humano recién nacido poder desarrollarse en el seno de una familia que lo acoja, lo cuide, lo eduque, lo proteja y procure su desarrollo físico, intelectual y emocional más completo. Ahora bien, la evolución del ser humano y de su cultura, paralelamente al desarrollo del armamento nuclear y de las formas de destrucción de la propia humanidad, también ha demostrado que para que un ser humano recién nacido se desarrolle completa y armoniosamente es más importante crecer en una familia que le aporte afecto incondicional, coherente, equilibrada, responsable, acogedora, etc.; que tener los mismos genes procedentes de un óvulo y un espermatozoide necesaria e imprescindiblemente procedentes de su padre y de su madre que le cuidan y con quienes convive. Por ello las sociedades actuales han evolucionando hacia el reconocimiento de múltiples y diversas opciones organizativas de la convivencia nuclear a las que también se engloba en el concepto de familia.

En ningún otro contexto social podemos encontrar los seres humanos una atención tan continuada a nuestras necesidades como en la familia, que se responsabiliza de ofrecer a sus hijos las tres condiciones básicas que debe garantizar la educación familiar:

- Afecto incondicional.
- Atención y cuidado permanente.
- Aprendizaje de límites y disciplina (socialización).

Maslow A. H., psicólogo humanista del S. XX, estudió las necesidades humanas, las ordenó jerárquicamente y las describió gráficamente en forma de pirámide, de tal manera que las más importantes forman su base y, según vamos ascendiendo hacia la cúspide, las necesidades son de un orden inferior. Las ordena así porque entiende que solo cuando han sido mínimamente satisfechas unas se manifiestan las necesidades de satisfacer las del orden superior.

En la base se encuentran las necesidades fisiológicas (beber, comer y dormir). Las siguientes son las de seguridad (integridad física, vivienda, recursos económicos, etc.). Sobre las anteriores están las de pertenencia y amor (relacionarse, ser aceptado, dar y recibir afecto, etc.). En un plano superior están las de estima (autoestima, prestigio, etc.). Estas son para Maslow las necesidades de "deficiencia" o básicas. Por encima de éstas estarían las de "actualización del sí mismo" o metanecesidades.

Pirámide de las necesidades humanas: Maslow A. H.

Como podemos apreciar, la familia se encarga de cubrir las necesidades básicas de los seres humanos desde que nacen hasta que son suficientemente autónomos y pueden sentar las bases para que sus miembros se encuentren en condiciones de cubrir sus aspiraciones más altas.

Tales son las necesidades de integridad física, de pertenencia, de prestigio, etc., que cuando en la familia no las podemos satisfacer nos buscamos un grupo en el que esperamos alcanzarlas. Este parece ser el caso de las bandas de adolescentes que se agrupan buscando un padre-grupo.

Los procesos de cambio en la familia

A partir de la revolución industrial la familia nuclear, compuesta por la madre, el padre y los hijos, se aisló de la familia extensa y la madre se especializó en dos de las condiciones básicas que debe garantizar la educación familiar: afecto incondicional y atención permanente. Al padre le quedaba reservada la enseñanza de los límites y la disciplina.

En paralelo a la lucha de la mujer por ser reconocida como igual al hombre en derechos y obligaciones de ciudadanía, se ha ido produciendo un cambio en la idea de familia, pasando de ser una institución cuasi obligatoria y con una estructura rígida instituida mediante la unión matrimonial de un hombre y una mujer sancionada, al menos por el estado; a una institución que sirve para la realización personal, la estabilidad emocional y la convivencia íntima.

Por otra parte, también asistimos a los cambios en la legislación referente a la familia que se producen en numerosos países como consecuencia de la necesidad de adaptación a los nuevos modelos de convivencia.

De la familia tradicional:

- Estable, en la que se considera que una pareja de hombre y mujer se configura para siempre como núcleo social básico de procreación y cuidado de la prole, en la que existen unos roles bastante rígidos en la pareja, establecidos por las propias leyes. La autoridad y el poder sobre los demás miembros los ostenta el padre.
- El hombre, "cabeza de familia", debe garantizar el sustento material del grupo.
- La mujer, responsable del buen orden interno del hogar en su papel de madre y esposa.
- Los hijos, que como "propiedad de los padres" deben obedecerles y seguir sus dictados.
- Los problemas y conflictos se resuelven por la intervención de la autoridad del padre.
- La familia extensa tiene presencia en la vida doméstica como entidad de apoyo recíproco.

A otros diversos modelos de familia:

- Tradicional, monoparental, reconstituida, homosexual, etc.
- Como consecuencia de la procreación natural, de la adopción, de la inseminación artificial, etc.
- Con mayor inestabilidad.
- Como resultado de los proyectos personales de los miembros que conforman el núcleo familiar.
- Con roles flexibles y consensuados.
- Todos los miembros son sujetos de derechos.
- Los hijos orientan su proyecto personal con autonomía.
- La familia extensa pierde presencia en la vida doméstica del grupo de convivencia como entidad de apoyo recíproco.

- Las relaciones entre los miembros del grupo familiar no están predeterminados por moldes rígidos.

Los roles de los miembros de la familia han ido modificándose a lo largo de la historia en función de la organización de las sociedades en las que se han desarrollado.

Las familias siguen siendo los núcleos básicos de las sociedades humanas, pero el concepto actual de familia trasciende los tradicionales conceptos de parentesco y de legitimidad adquirida por medio de los rituales sociales y/o administrativos del matrimonio.

Las sociedades actuales están evolucionando hacia el reconocimiento como familia de una mayor diversidad de opciones organizativas de los núcleos de convivencia. No obstante, para poder realizar un análisis de la convivencia en el seno familiar, necesitamos acotar una definición del término familia que esté actualizado a nuestro tiempo y a nuestras sociedades.

Las nuevas realidades familiares

Vemos pues que adquieren mayor relevancia los aspectos relacionados con el parentesco social, aún sin dejar de lado el parentesco biológico, y también adquiere mayor importancia la voluntad de mantener una relación de convivencia con o sin la legitimación que produce el acto administrativo del matrimonio.

El reconocimiento legal y social de las uniones homosexuales como matrimonio añade nuevas dimensiones al concepto de familia ya que, como consecuencia de este reconocimiento, se legitima la paternidad o maternidad de las parejas que recurren a diferentes fórmulas de tener descendencia. Y a pesar de ser incipiente el camino del reconocimiento y legalización de estas

uniones por parte de los estados, hay que recordar que la multiplicidad de relaciones se han dado en las sociedades humanas, en diferentes culturas, a lo largo de la historia.

> *"Y por eso los antropólogos se muestran reacios a estigmatizar las uniones entre mujeres o entre hombres, o las instituciones nayar o matrifocales, afirmando que no se trata de matrimonios. Pero se les llame como se les llame, está claro que abarcan una enorme gama conductual y cognitiva. No está científicamente documentado que alguna de ellas sea menos deseable o humana, siempre que no impliquen la coacción, el maltrato y la explotación de uno de los partícipes en la relación (cláusula que, naturalmente, se aplica también a la monogamia occidental).* Marvin Harris, "Antropología Cultural", 1990.

Si bien hasta no hace mucho en nuestras sociedades, un hombre o una mujer que no estuviese casado o casada por el rito oficial era alguien sospechoso o digno de compasión, ahora parece que caminamos hacia una mayor diversidad de organizaciones familiares en las que las uniones se producen como instrumentos de realización personal, con un carácter de institución emocional, flexible y consensuada.

Como ya he apuntado con anterioridad, históricamente la familia ha cumplido varias funciones:

1. Favorecer la solidaridad para la supervivencia.
2. Legitimar la descendencia.
3. Socializar a los hijos en su cultura.
4. Procurar la estabilidad emocional y sexual.

Sin embargo la evolución social, económica y tecnológica de la humanidad ha hecho que las tres primeras funciones ya no sean

primordiales y casi exclusivas de la familia ya que otras instituciones se encargan de ellas, quedando la cuarta función como la principal.

> *"Queda vigente la función estrictamente emocional y felicitaria. La familia no se busca para resolver un problema de supervivencia, sino para conseguir una situación feliz."*
> J. A. Marina, 2000.

Parece pues que la familia actual ha de servir para gozar de intimidad emocional, igualdad, compañerismo y autonomía personal. Estas son nuevas exigencias de una dimensión enorme.

Los valores de igualdad entre los sexos y la democratización de las relaciones han cambiado los principios jerárquicos y de autoridad en el seno familiar, lo que se ha traducido, a veces, en una falta de guía a la hora de educar a los hijos, pues a menudo la tendencia ha sido orientar esta labor educativa en oposición a los modelos vividos cuando los mismos habían sido extremadamente rígidos o extremadamente laxos.

Observamos que la familia patriarcal y asimétrica ha evolucionado hacia la familia democrática y simétrica. Este cambio, que en principio podríamos considerarlo como un progreso, vale como tal para las relaciones entre los adultos, pero no siempre lo es para la crianza de los hijos.

Lo cierto es que los cambios sociales no suelen traer un manual de instrucciones para dar respuesta a todos los problemas, es más, a menudo se enfrentan a unos y crean otros de los que no se es consciente hasta más adelante. El caso es que en este proceso evolutivo de la familia no se ha dispuesto de un modelo claro de roles paternales o de crianza.

"El padre que no quiere figurar sino como "el mejor amigo de sus hijos", algo parecido a un arrugado compañero de juegos, sirve de poco; y la madre cuya única vanidad profesional es que la tomen por hermana ligeramente mayor de su hija, tampoco vale mucho más". Fernando Savater, "El Valor de Educar", 1997.

Analicemos la situación: los cambios en la conformación, constitución y funcionamiento de las familias parece tener su origen principal en los grandes procesos socioeconómicos, pues el declive del modelo patriarcal de familia se relaciona con hechos como la incorporación masiva de la mujer al mercado laboral visto como opción igualitaria para las mujeres de algunas clases sociales. Sin embargo, esto es algo imprescindible para la mayoría, pues el aporte único del hombre-marido-padre como proveedor económico no resulta suficiente para satisfacer unas crecientes necesidades de consumo. Es cierto que la contribución de la mujer en el aporte monetario sitúa a ésta en una posición desde la que puede reivindicar su participación en la toma de decisiones, la corresponsabilidad en los cuidados de los hijos y en las tareas domésticas. Pero también es cierto que en la realidad supone una sobrecarga de trabajo, una doble jornada, porque los cambios en la mentalidad de género masculina, que a menudo tiene incorporada una teórica división sexual del trabajo, no se producen a la misma velocidad que los cambios anteriormente descritos.

El sistema patriarcal de familia, por el que se ha legitimado la creencia de que el género masculino es el único con derecho al poder de actuación y autoafirmación, mientras el género femenino se concibe desde la obligación de servir y ser para otros (el marido, los hijos,...) está en declive, pero no ha desaparecido. Cuando se habla de "destrucción de la familia" se habla en realidad de un tipo de familia, de la familia patriarcal, con los roles masculino (público) y femenino (privado) claramente diferenciados.

A muchos de nuestros jóvenes les resultará extraño saber que no hace tanto las mujeres de la mayoría de los países, también los occidentales, tenían muy limitados infinidad de derechos. Por ejemplo, en España hasta los años 70 del siglo pasado, la mujer necesitaba permiso de su padre o de su marido para trabajar y cobrar un sueldo, para abrir cuentas bancarias, para obtener el pasaporte o para poder conducir. La esposa no tenía la patria potestad sobre sus hijos salvo que el padre hubiera fallecido, y estaba obligada a residir allí donde trasladase su residencia el marido.

A partir del último tercio del siglo XX este modelo patriarcal comienza a perder hegemonía y progresivamente van surgiendo nuevos tipos familiares que responden a diferentes formas de convivencia. Sin embargo, el desvanecimiento de la "obligatoriedad" del matrimonio y de seguir los modelos marcados en los roles masculinos o femeninos, según los dictados sociales del sistema patriarcal, ha creado, como ocurre con todos los grandes cambios, desorientación y desajustes.

Las nuevas realidades familiares tampoco están exentas de complejidad. La relación de pareja entre personas autónomas en régimen de igualdad y simetría exige que ambos deban coordinar sus aspiraciones individuales, su autonomía e independencia con la necesidad de vinculación y cercanía, es decir, con la vida en común, algo que no resulta fácil ni tiene un guión preestablecido. Estas dificultades de comprensión en muchas ocasiones terminan desgastando una relación que comienza con un amor idealizado, del que hablaré más adelante, y que no puede terminar ahogando la individualidad.

Además ante estas dificultades, se comienza a concebir nuevas realidades familiares en las que la presencia permanente del hombre no se vislumbra como imprescindible. Tanto en América como en Europa, desde finales del siglo XX, ha aumentado considerablemente el número de hogares encabezados por mujeres; unas veces motivado por la independencia y autonomía crecientes en la mentalidad de las mujeres, otras por el aumento de separaciones y divorcios, y otras debido a la falta de asunción de responsabilidades familiares y domésticas por parte de los varones.

Con este panorama, sería conveniente abordar una nueva definición de familia, pues nos encontramos ante un sustantivo cuyo significado ha experimentado sustanciales cambios en nuestros días. Tanto es así que quienes se oponen al reconocimiento de nuevas uniones de convivencia, si bien no pueden evitar que las mismas se produzcan, aun cuando las consideren antinaturales, perversas o incluso patológicas, sí se niegan a que éstas sean denominadas y reconocidas con el término "familia".

> *"En lugar de obsesionarse con el declive del modelo de familia tradicional o la proliferación de nuevos tipos de hogares, la sociedad debe hacer todo lo posible por garantizar que las criaturas crezcan en un ambiente de aceptación, seguridad y cariño".* L. Rojas Marcos, "Las Semillas de la Violencia", 2008.

Por lo dicho hasta ahora, podemos convenir que el concepto "familia" trasciende los aspectos biológicos de la transmisión genética a la descendencia y da mayor importancia a su valor social y cultural. Por tanto me parece aceptable la definición que se hace desde la Teoría General de Sistemas: *"La familia es un conjunto organizado e interdependiente de personas en constante inter-*

acción, que comparte una historia, unos mitos y que se regula por unas reglas y por funciones dinámicas que existen entre sí y con el exterior, que persiguen un fin común".

Hagamos también un ejercicio de clarificación en las clasificaciones que, desde diferentes ámbitos, se hacen en torno al concepto de familia ya que, según las personas que las compongan, podremos hacer una clasificación u otra:

- **Unipersonal:** integrado por una sola persona.
- **Nuclear monoparental:** integrado por uno de los padres y uno o más hijos.
- **Nuclear biparental:** pareja unida o casada legalmente con o sin hijos.
- **Extensa o compuesta:** corresponde a cualquiera de los tipos definidos anteriormente, más la presencia de uno o más parientes (extenso) o no parientes (compuesto).
- **Nuclear biparental reconstituida:** con miembros que anteriormente han conformado otras familias y que, tras una separación o divorcio, como consecuencia de una unión posterior, constituyen una más extensa.

¿Cuál es el modelo ideal de familia?

No creo que exista un modelo ideal, pues las posibilidades para su conformación se han ido adaptando a la multiplicidad de situaciones personales de quienes pueden conformar un grupo de convivencia. En todo caso, sí creo que habría que plantearse muy seriamente el tener hijos, ya que esa opción no es un juego. Es necesario estar preparado mínimamente para asumir semejante compromiso ético. **Un hijo** no es un mero resultado de la naturaleza, **es un proyecto de humanidad que exige el compromiso de cuidado, educación y recursos.**

Por otra parte, este compromiso ético que se debe asumir cuando se forma una familia no debería presuponer la renuncia a todo, pues el ideal, de cualquier forma, comprendería el compromiso de cada uno de los miembros, de cuidarse y cuidar de los demás.

II. Cultura, identidad y mentalidad

En el camino desde la animalidad a la humanidad, el ser humano avanza por el tortuoso cauce que lleva desde la naturaleza hacia la cultura. La naturaleza, el instinto, han servido de coartada para justificar numerosas bestialidades cometidas por algunos hombres contra otros hombres a lo largo de la historia, pero ya sabemos que el tránsito comenzó hace tiempo y, a estas alturas somos mucho más humanos que animales; mucho más cultura que naturaleza.

Creo que deberíamos cuidar bastante mejor el medio natural en el que vivimos porque es nuestra casa, cuidar mejor nuestro cuerpo porque es el continente de nuestra vida y cuidar mejor a los demás porque somos seres sociales e interdependientes. En suma deberíamos cuidar más nuestra cultura.

Llegados a este punto, considero imprescindible que nos planteemos qué entendemos por cultura y cómo las culturas dominantes configuran nuestra identidad y nuestra mentalidad. Porque la violencia es una consecuencia directa de nuestra cultura, o quizá sea mejor hablar de culturas.

Cada sociedad produce unos sistemas de valores, de creencias, de mitos y de normas acordes con esas creencias, mitos y valores dominantes en cada época. Digo dominantes porque los sistemas de valores no son uniformes, ni vigentes de la misma manera para todos los miembros de la sociedad, sino que se encuentran en permanente lucha dialéctica sobre todo, por la forma práctica de aplicarlos a la vida diaria.

Las teorías que sustentan las creencias y los valores están simultáneamente en confrontación en la sociedad y dentro de nosotros mismos. Son teorías que nos hablan de cuál es la mejor manera de organizar la economía, la propiedad, la vida política, la educación de los hijos, las relaciones entre las personas, el poder, etc. El filósofo J. A. Marina sostiene que todas las culturas elaboran, al menos, tres teorías o modelos para dirigir su convivencia:

- Una teoría sobre el ser humano (a menudo relacionado con las creencias religiosas o filosóficas).
- Una teoría sobre cómo debe comportarse el ser humano para ser considerado bueno (es el sistema de valores).
- Una teoría sobre los modos ideales de convivencia humana (acorde con las dos teorías anteriores).

Pero en las sociedades democráticas no hay una única teoría sobre el ser humano, sino muchas; no hay una sola teoría sobre cómo debemos comportarnos, ni hay una única teoría sobre los modos ideales de convivencia, sino muchas. Lo que sí ocurre es que, aunque las teorías o visiones del mundo estén en constante competencia, unas dominan sobre otras en cada momento. Las teorías o pensamientos que predominan entre las clases sociales dominantes desde los puntos de vista, sobre todo económico y político son las que se plasman en las leyes, aunque lo más saludable es que existan otras concepciones que confronten y se definan como alternativas mejores, más eficientes, más justas o más lógicas.

Entre otras ideas, cada cultura elabora el sistema normativo que establece, con límites más o menos claros, las normas de conducta que se aprueban y las que se desaprueban. Es lo que llamamos moral, una especie de *código del deber ser*.

La moral es un fenómeno cultural que aporta soluciones a los problemas de la convivencia debido precisamente a que el ser humano elige, en parte, su forma de actuar, es libre. Pero he dicho que la moral es un fenómeno cultural, es un código que afecta a quienes comparten unos mismos principios y, respecto al tema que nos ocupa, está claro que se nos va a plantear un problema teórico, porque hay culturas cuya moral considera correcto por ejemplo que el hombre "meta en vereda" (corrija) a la mujer mediante el castigo físico para corregir su comportamiento "inapropiado". Como digo se nos presenta un problema, porque la moral de mi cultura desaprueba tal comportamiento y la moral de quien así actúa lo aprueba. Consentir esta situación apelando al respeto a otras culturas es un claro ejemplo de relativismo cultural que, a su vez, nos puede conducir al llamado relativismo moral por el cual casi todo es justificable desde el respeto y la tolerancia a la diversidad benevolente hasta extremos insostenibles.

"Frente a la expresión "Respeto su opinión, aunque no la comparta" habrá que decir: "Le respeto a usted, aunque su opinión me parece detestable".

"La defensa del respeto a las diferencias no puede evitar que todas se sometan al juicio de la ética" J. A. Marina, "Crónicas de Ultramodernidad", 2000.

Si considerásemos una mera peculiaridad cultural, por ejemplo la lapidación de una mujer supuestamente infiel, y como tal estuviéramos dispuestos a tolerar que se practicase en nuestros países como muestra de respeto a la diversidad cultural, por la misma razón nos veríamos inermes para combatir cualquier otra violación de los derechos humanos practicada por un grupo que lo justificase como propio de su identidad étnica o cultural.

Porque tenemos que tener en cuenta que hay un importante matiz diferenciador entre moral y ética en la medida en que la primera es un fenómeno social (hay tantas morales como culturas) y la segunda, la ética, pretende ser una moral transcultural, el afán de la especie humana por constituirse a sí misma como una especie dotada de dignidad, es decir, de derechos.

Para el profesor Marina la ética es el conjunto de las soluciones más inteligentes que se le ha ocurrido a la humanidad para resolver los problemas que afectan a la felicidad y a la dignidad de la convivencia, los conflictos que puedan surgir entre personas, religiones, culturas, colectivos, naciones diferentes.

A partir de ahí hay que plantearse la necesidad de interiorizar y asumir la importancia de tomar conciencia de que los derechos de todos se alimentan de los deberes de todos para con los demás. Es decir, que si queremos hacer valer el derecho de todos a no ser maltratados, tenemos la obligación de aprender a tratar bien a los demás, y solo así podrá hacerse efectivo el derecho.

Pero, ¿por qué planteo ahora esta cuestión? Pues porque en relación al maltrato y la violencia entre seres humanos se han utilizado con excesiva frecuencia argumentos justificativos desde la cultura a la que se pertenece, reclamando solemnemente el respeto a las peculiaridades culturales con la amenaza de acusar de xenófobos o de imperialistas a quienes pretenden evitar que en nombre del respeto a las diferencias se justifique por ejemplo, la ablación del clítoris, la violencia del hombre hacia su pareja, los matrimonios forzados por concierto entre los patriarcas de las familias y tantos otros atentados contra la dignidad de la persona.

Además es la cultura en la que nos desarrollamos desde niños la que nos conforma la identidad personal y social, la que crea nuestra mentalidad y la que determina nuestras creencias. Son precisamente las creencias las que hay que controlar, porque funcionan inconscientemente y a veces aparecen en forma de prejuicio, en forma de superstición o de dogmatismo. Lógicamente, contra estos peligros se nos aconseja la duda razonable, el estudio y la reflexión. Toda esta disertación teórica nos lleva a explicar que las creencias con las que vivimos crean nuestra mentalidad, que es el posicionamiento que adoptamos ante la vida y las demás personas, y que nos crea una identidad como hombre o como mujer, una identidad de género, de la que trataremos más adelante, que nos encuadra en lo que es ser hombre o ser mujer y nos domina inconscientemente dándonos unos roles o guiones de lo que se espera de nosotros en nuestra forma de actuar. El filósofo Ortega y Gasset sostiene: *"Las ideas se tienen, las creencias se son"*.

La psicología nos enseña que la personalidad de un ser humano está constituida por una base biológica a la que llamamos temperamento, que es el sustrato sobre el que se va desarrollando el carácter, que depende del aprendizaje y la educación y se desarrolla por medio de los hábitos. Consecuentemente, la personalidad de los individuos dependerá en una parte, de su sustrato biológico, pero resultará fundamental en la educación de su carácter que haya adquirido buenos hábitos por la acumulación de experiencias positivas.

EXPERIENCIAS REPETIDAS + ACCIONES REPETIDAS = HÁBITOS

MATRIZ O TEMPERAMENTO + HÁBITOS = CARÁCTER

Como consecuencia muy general debemos saber que la calidad de nuestra relación con los otros va a depender del conjunto de creencias e ideas que han conformado nuestra mentalidad dotándonos de una identidad personal y de una personalidad. Todo ello en un marco cambiante que nos hace resituarnos permanentemente, en función de factores diversos, con mayor o menor dificultad.

Hay personas cuyas ideas evolucionan con relativa facilidad y que se adaptan a nuevas situaciones sin experimentar grandes conflictos personales; sin embargo otras personas tienen enormes dificultades para adaptarse a cambios culturales a lo largo de la vida, sobre todo si esos cambios suponen modificaciones en el marco teórico sobre el que anclaron su mentalidad.

La identidad de género

El sexo está definido por la naturaleza. Los genitales con los que nacimos determinaron que fuéramos clasificados como mujer o como hombre. Esa es nuestra identidad respecto al sexo. Sin embargo nos desarrollamos como hombres o como mujeres absorbiendo los roles, ajustándonos a los moldes, que nuestra cultura de pertenencia nos proporciona.

La feminidad es el conjunto de creencias, rasgos, actitudes, valores, conductas y actividades que se esperan de una mujer. La masculinidad es la construcción social que señala aquellas acciones, posturas, actitudes, etc., que se esperan de un hombre.

> *"Mientras que la definición de masculinidad continúe cimentándose en la dureza, en la fuerza física, en el dominio y el desprecio del sexo opuesto, los abusos a mujeres seguirán concibiéndose como una prueba de poder y de hombría".* L. Rojas Marcos, "Las Semillas de la Violencia", 2008.

La absorción que cada uno de nosotros hacemos de la feminidad o de la masculinidad, determina nuestra identidad de género. O dicho de otra manera, la construcción de nuestra identidad de género es el proceso de aprendizaje de los roles esperables para un hombre o para una mujer en nuestra sociedad.

Es una construcción de género la creación del *"machote"* como también lo es la creación de la mujer *"muñeca dulce y amorosa"*. Y la familia es el principal agente en la reproducción de estos roles de género.

Para Corsi y Peyrú (2003) el tipo de hombre que generan las sociedades de nuestro tiempo es un modelo de acción que reprime la esfera emocional y la exteriorización de los sentimientos de dolor, tristeza, miedo, amor, etc.; frente a la identidad de mujer. Y ciertamente, todavía hoy observamos cómo los chicos adolescentes experimentan que son observados y descubren el recurso de la violencia como el medio más eficaz de evitar las posibles dudas sobre su hombría.

Corsi y Peyrú defienden que la clave del contrato de pareja tradicional sería la ecuación: protección (masculina) a cambio de obediencia (femenina), negándose la reciprocidad de las relaciones igualitarias en tanto en cuanto que emana de una concepción de dominio masculino.

> *La cultura patriarcal ha legitimado la creencia de que el género masculino es el único con derecho al poder de actuación y autoafirmación, mientras que el género femenino se concibe desde la obligación de ser para otros. Los varones que son socializados desde estas creencias culturales naturalizadas tienen asumido que cuentan con todo el derecho a tomar decisiones o a exigir el sometimiento de las mujeres a las mismas, sin poder concebir ni por asomo que pueda o deba haber correspondencia o reciprocidad ante la autoafirmación de las mujeres, de las que se valora la sumisión y el sometimiento".*
> Corsi y Peyrú, "Violencias Sociales", 2003.

Cultura patriarcal o patriarcado

Jorge Corsi, eminente psicólogo experto en la violencia familiar, preguntado por la clase de mitos, creencias o prejuicios que perviven asociados a la violencia contra las mujeres, responde que a pesar de los esfuerzos realizados por numerosas organizaciones de mujeres que pretenden difundir y promover ideas progresistas acerca de la igualdad entre los géneros, siguen siendo sostenidas por amplios sectores de la población un núcleo de creencias entre las cuales destaca:

- Que las mujeres son inferiores a los hombres.
- Que el hombre es el jefe del hogar.
- Que el hombre tiene derechos de propiedad sobre la mujer y los hijos.
- Que la privacidad del hogar debe ser defendida de las regulaciones externas.

El sistema de creencias sustentado en estas premisas, tiene como consecuencia inmediata la idea de que un hombre tiene el derecho y la obligación de imponer medidas disciplinarias para controlar el comportamiento de quienes están bajo su autoridad.

Johan Galtung, uno de los más importantes investigadores sobre la paz y la resolución de conflictos, ideó la teoría sobre el Triángulo de la Violencia. En ella, la violencia es como un iceberg, de modo que la parte visible es mucho más pequeña que la que no se ve. De acuerdo con el autor, existirían tres tipos de violencia:

- La **violencia directa,** que es visible y se concreta en actos.
- La **violencia estructural,** (la peor de las tres), que se centra en el conjunto de estructuras que mantiene un abuso de poder que recae sobre un grupo oprimido, o

de una situación de injusticia social (de un reparto de recursos insuficiente, de una gran desigualdad en la renta de las personas, dificultad de acceso a los servicios sociales y a la red sanitaria, etc.)

- La **violencia cultural o simbólica,** la cual crea un marco legitimador que justifica la violencia por medio de las ideologías, la religión, el lenguaje, las leyes, los medios de comunicación, la educación…; y se concreta en actitudes.

El patriarcado sería el marco de violencia estructural, y la cultura patriarcal y el conjunto de costumbres concretas que tenemos incorporadas a nuestras mentalidades, pertenecerían a la violencia cultural.

VIOLENCIA
DIRECTA

visible

invisible

VIOLENCIA
CULTURAL

VIOLENCIA
ESTRUCTURAL

El hecho de considerar el patriarcado como un elemento de violencia estructural creo que nos pone en la senda de comprender que para evitar las violencias familiar y de género debemos cambiar la cultura que las justifican y sobre las que se sustentan.

Pautas de crianza de los hijos

Cuando hablamos de pautas de crianza estamos hablando de principios y normas que se van a seguir en la educación de los hijos y, puesto que los hijos no vienen con embalaje y libro de instrucciones, esos principios y normas van a responder a las ideas de los padres, a cómo fueron educados cuando fueron niños, a su formación y aspiraciones, a la cultura dominante, etc.

Hay padres que dicen: *"Me ha salido así"*, como si la educación que se ha dado al hijo no tuviese nada que ver con el resultado. Es cierto que hay niños difíciles por su temperamento, lo mismo que hay niños tranquilos, pero la acción educativa de los padres es el factor principal.

Lo que debería estar claro para todas las personas que tienen hijos es que:

- El tiempo pasa inexorablemente y los hijos crecen.
- El crecimiento es tanto físico como psíquico.
- El desarrollo del niño se produce con o sin nuestra intervención.
- Con nuestra intervención podemos lograr que el desarrollo de nuestro hijo sea más armónico y mejor, contribuyendo así a su felicidad.
- El desarrollo del niño en los primeros años de vida influye trascendentalmente en el resto de su existencia.
- Todo el proceso educativo de los hijos debería dirigirse a que sean autónomos (es un proceso hacia la autonomía).

"En demasiadas ocasiones, los padres no educan para ayudar a crecer al hijo sino para satisfacerse modelándolo a la imagen y semejanza de lo que ellos quisieran haber sido, compensando así carencias y frustraciones propias".
Fernando Savater, 1997.

Respecto a la evolución de los estilos de crianza, E. Prado y J. Amaya (2005) explican las diferencias en las dinámicas educativas de las familias entre varias generaciones: la generación silenciosa, la generación de padres obedientes (o baby boomers) y la generación de hijos tiranos. Parece claro que las ideas dominantes en cada época y los excesos de la anterior, condicionan las respuestas educativas predominantes en cada momento.

Las personas nacidas entre 1935 y 1950 forman **la generación silenciosa,** que fue educada con una disciplina estricta y austera, y produjo personas obedientes *"incapaces de cuestionar decisiones"*, tanto en la familia como en el trabajo. Fueron personas educadas para aceptar una disciplina estricta y obedecer en la empresa y respetar a los jefes, padres, abuelos, tíos,.. , y a ahorrar.

A los nacidos entre 1951 y 1984, los autores referidos los llaman **"baby boomers".** Fueron niños que se criaron en una sociedad que había cambiado los valores de la lealtad y el compañerismo por el pragmatismo. Fue la época de la rebeldía, el rock and roll, de la liberación femenina, de la televisión,... Según E. Prado y J. Amaya esta generación se caracteriza por haber producido "padres obedientes", y la denominan así porque suelen ser padres indecisos, sumisos y permisivos. *"... cuando eran pequeños obedecían a sus padres y a las demás personas adultas como familiares cercanos y profesores. Y ahora que son padres obedecen y se someten al mínimo capricho de sus hijos".*

A la generación surgida a partir de 1985 la llaman **"generación de hijos tiranos"**. Se han producido grandes cambios en los valores de la sociedad y en las conformaciones familiares, cuyo tamaño se ha reducido. Los progenitores pertenecen a la generación de *"padres obedientes"*, por lo que sus hijos están acostumbrados a que quienes se esfuerzan por lograr sus demandas sean los padres, porque están convencidos de que es su obligación. Los hijos, por su parte no han sido educados para el esfuerzo y suelen ser intolerantes, individualistas y exigentes.

Si nos centramos en la esencia de cómo educan las familias, es decir, en los estilos de crianza, según las investigaciones de Maccoby E.E. y Martin J.A., citados por Marina, J.A., la combinación de las dimensiones: **exigencia y calidez** nos permite hacer una clasificación de cuatro estilos esquemáticos:

EXIGENTE	+ FRÍO	= **Estilo autoritario**
EXIGENTE	+ CÁLIDO	= **Estilo responsable**
NO EXIGENTE	+ CÁLIDO	= **Estilo permisivo**
NO EXIGENTE	+ FRÍO	= **Estilo no implicado**

Parece claro que la combinación de exigencia y calidez da lugar al estilo más deseable y, por el contrario, la laxitud o permisividad en combinación con la frialdad, es decir, la indiferencia, produce los efectos más devastadores junto con la tiranía de la combinación de exigencia y frialdad extremas.

El cuidado y el acompañamiento de los adultos en la educación debería ser una combinación equilibrada entre la ternura y el rigor, pues no podemos esperar que solo por los buenos sentimientos, por la sensibilidad que les podamos trasmitir, por nuestra capacidad de seducción, los hijos vayan a estar dispuestos siempre a ir por el camino que les indicamos, sobre todo porque resulta más cómodo dejarse llevar por lo que apetece en cada momento o por la presión del grupo. Sin embargo en ocasiones habrá que indicarles que hay cosas que tienen que hacer porque es su deber, aunque no les resulte agradable. Esto nos lleva a la conclusión a la que han llegado ya antes muchos pedagogos: para educar hay que saber decir "no".

Consciente o inconscientemente, los padres siempre utilizan un estilo, su estilo, el que corresponde a sus ideas y creencias, y lo aplican con un desconocido recién llegado que es su hijo y que trae su temperamento. Por esta razón, cuando en una familia hay varios hijos, las pautas educativas que han servido para uno puede que no sean adecuadas para otro de los hermanos.

Analicemos brevemente los estilos de crianza sabiendo que se trata de un esquema y que en la realidad cada persona tiene el suyo.

Estilo autoritario

Combina las dimensiones (+ exigencia, + frialdad u hostilidad).

Creencias de los padres.- Los hijos son de su propiedad. Ostentan el poder absoluto sobre ellos y deben imponer sus criterios. El fin justifica los medios, por lo que vale utilizar cualquier medio para imponer su poder y control (la violencia física, el chantaje emocional, la amenaza, la ridiculización, las etiquetas). Se castiga el fracaso y no se valora el éxito con refuerzos. La autoridad del padre es el principio regulador.

Consecuencias educativas.- Los hijos se sienten etiquetados como buenos o como malos. La relación con los padres es de hostilidad y temor. Establecen las relaciones con los demás en términos de poder o sumisión. Personalidad introvertida y poco comunicativa. Inseguridad, dificultades en el desarrollo de la autonomía por temor al fracaso. Las acciones se guían por sus consecuencias, no por la norma. Los conflictos se resuelven con un ganador y un perdedor.

Estilo responsable

Combina las dimensiones (+ exigencia, + calidez).

Creencias de los padres.- Los hijos no son de su propiedad, son su responsabilidad. Los hijos deben ir asumiendo responsabilidades y autonomía progresivamente en un proceso de toma de decisiones y asunción de las consecuencias. La norma es el principio regulador.

Consecuencias educativas.- Crea un clima de libertad dentro de unos límites. Los hijos reconocen la autoridad basada en el diálogo. Clima de afecto y comprensión. Las acciones se guían por la norma y los hijos van adquiriendo autonomía. Los hijos tienen confianza en sí mismos. Cooperación de los miembros. Los conflictos se resuelven de forma cooperativa, todos ganan.

Estilo permisivo

Combina las dimensiones (- exigencia, + calidez).

Creencias de los padres.- Los padres nunca ven maduros a sus hijos para exigirles, por eso hay que protegerles y servirles para que no se equivoquen. No confían en la autonomía de los hijos. Cuando se hagan mayores ya tendrán que asumir responsabilidades.

Consecuencias educativas.- Los hijos son dependientes y egoístas. Insolidarios e intolerantes. La responsabilidad de todo lo que sucede siempre está en los demás.

Estilo no implicado

Combina las dimensiones (- exigencia, - calidez).

Creencias de los padres.- La característica principal es la indiferencia. Los hijos son un hecho de la naturaleza que no requiere más responsabilidad que la alimentación, el vestido y los cuidados básicos. Los hijos desarrollan una autonomía no vinculada a ningún modelo que les sirva de referencia. Los padres tampoco ofrecen un modelo a imitar, pues consideran que los niños son hombres o mujeres en pequeño. Desconocimiento de los límites.

Consecuencias educativas.- Dificultad de adaptación al medio escolar y a cualquier grupo no permisivo. Actitud que pone a prueba los límites. Baja autoestima y autocontrol. Riesgo social. Dependen del medio para desarrollar conductas ajustadas o desajustadas.

En nuestros estilos actuales de crianza (hablo siempre en general porque cada casa y cada caso es particular) existe una especie de alergia a la norma, y se suelen utilizar poco los principios éticos como patrón de conducta. Parece que tenemos miedo a la autoridad, como si no fuese legítima y necesaria.

La esencia de la educación de los hijos

¿Cuál sería la esencia de la educación familiar? ¿De qué depende su calidad?

Veamos cuáles son los factores de calidad. La familia debe promover habilidades de comunicación y resolución de conflictos que permitan garantizar las tres condiciones de las que depende la calidad de la educación familiar: el afecto, los cuidados y los límites.

Factores de calidad en la educación de los hijos:

- Un **afecto incondicional,** que les de seguridad sin protegerles en exceso.
- Un **cuidado atento,** adecuado a las cambiantes necesidades de seguridad y autonomía que viven con la edad.
- Una **disciplina consistente,** sin caer en el autoritarismo ni en la negligencia, que les ayude a respetar ciertos límites y a aprender a controlar su propia conducta.

Para educar a los hijos, los padres necesitan aprender habilidades para:

- Entender qué necesitan en cada momento.
- Elegir o diseñar experiencias educativas, que contribuyan a su desarrollo.
- Establecer una comunicación continua.

Fernando Savater, en su obra "El Valor de Educar" nos recuerda que la familia es la responsable de la socialización primaria de los niños. Mediante esta **socialización primaria** el niño aprende a ser un miembro estándar de la sociedad (hablar, asearse, vestirse, obedecer a los mayores, proteger a los más pequeños, compartir alimentos, etc.). La **socialización secundaria** la realizará la escuela, los amigos, el trabajo, etc. Cuando la socialización primaria se ha hecho bien, la secundaria es más fácil, según Savater: *"Para decirlo muy esquemáticamente, cuando la familia socializaba, la escuela podía ocuparse de enseñar. Ahora que la familia no cumple plenamente su papel socializador, la escuela no solo no puede efectuar su tarea específica, sino que comienza a ser objeto de nuevas demandas para la que no está preparada".*

[...] *"Sin embargo, para que una familia funcione educativamente es imprescindible que alguien en ella se resigne a ser adulto. Y me temo que ese papel no puede decidirse por sorteo ni por una votación asamblearia".*

Más adelante veremos qué ocurre cuando un niño no desarrolla la socialización primaria.

Los límites y la disciplina

Me parece interesante recoger unos consejos básicos propuestos por la catedrática de Psicología Educativa María José Díaz-Aguado, que se deben tener en cuenta a la hora de ejecutar una disciplina educativa eficaz:

- La eficacia de los padres para enseñar a respetar límites aumenta cuando tienen una buena relación con sus hijos.
- Es preciso definir las normas con claridad y los adultos se deben comportar coherentemente con ellas. Así se puede conseguir que los niños participen activamente en su definición y en el establecimiento de las consecuencias si no las respetan.
- Cuando las normas se incumplen y no pasa nada por ello, pierden eficacia. Es preciso evitar la permisividad con comportamientos graves para que el niño no interprete que hay un apoyo implícito a estos.
- La disciplina debe promover cambios de comportamiento y ayudar a los niños a entender por qué es inadecuada la conducta que deben cambiar. Hay que intentar que no solo haya una corrección, sino que se arrepienta del mal que ha hecho e intente reparar el daño causado.
- Para prevenir la repetición de las conductas inadecuadas es necesario ofrecer alternativas.
- La disciplina debe ayudar a ponerse en el lugar de las víctimas del daño.
- Hay que evitar reñir continuamente a los hijos por conductas de poca importancia, es preferible indicar cuál es la conducta deseada.

- Aunque en ocasiones sea necesario intervenir en el momento en el que se está produciendo una conducta grave, en general la corrección debe plantearse en momentos que no sean de tensión acumulada para que podamos:
  - Analizar las conductas específicas, sin caer en las descalificaciones globales ("te quiero a ti, pero desapruebo lo que has hecho").
  - Facilitar que se explique y reflexione sobre lo que ha hecho para que se corrija.

Las figuras educativas

Por lo que parece, nuestra cultura carece actualmente de un modelo claro de roles paternales.

Tradicionalmente se ha hablado del padre como figura de autoridad en la familia, la persona encargada de administrar la frustración y el principio de realidad, sin embargo este papel parece eclipsarse porque se nos ha dibujado un mundo idílico, e inexistente por otra parte, en el que supuestamente no habría que frustrar al niño. Los resultados de este idilio son desastrosos.

Si queremos ser coherentes con las nuevas realidades familiares tendríamos que hablar de figuras educativas o, al menos, dejar claro que cuando hablemos del padre o de la madre no estamos hablando necesariamente del padre (progenitor masculino) o de la madre (progenitora femenina) sino de quien ejerce ese rol consciente o inconscientemente. Tradicionalmente, muchas madres viudas han asumido ambos roles por necesidad.

En cualquier caso, lo que creo que deberíamos tener claro es que **es necesario educar desde la ternura y el afecto al mismo tiempo que desde la autoridad y el deber**. Es decir, tendremos que ser capaces de comunicar a nuestro hijo algo así como: "Te quiero mucho y me hace muy feliz verte contento, pero son las nueve y tienes que irte a la cama". O bien: "Te sientan muy bien esos pantalones, pero como no tenemos presupuesto en este momento, deberás esperar".

Y aguantar el tirón. Porque si no aguantamos la presión contraria y lógica de quien quiere algo por encima de todo y lo quiere ya, estaremos siendo incoherentes y estaríamos perdiendo nuestra autoridad. Concepto éste de **"autoridad"** que está en crisis y sin embargo es imprescindible para educar, porque se ha confundido con algunos aspectos de "poder", aunque etimológicamente autoridad procede de un verbo latino que se aproxima a "ayudar a crecer". La autoridad se tiene cuando los demás nos la reconocen. El poder lograría la obediencia, la autoridad, además, conseguiría el respeto.

> *"La autoridad en la familia debería servir para ayudar a crecer a los miembros más jóvenes, configurando del modo más afectuoso posible lo que en jerga psicoanalítica llamaremos su «principio de realidad". Este principio, como es sabido, implica la capacidad de restringir las propias apetencias en vista de las de los demás, y aplazar o templar la satisfacción de algunos placeres inmediatos en vistas al cumplimiento de objetivos recomendables a largo plazo. Es natural que los niños carezcan de la experiencia vital imprescindible para comprender la sensatez racional de este planteamiento y por eso hay que enseñárselo".* F. Savater, 1997.

Respecto a las figuras tendremos que convenir que en el seno familiar son necesarias, al menos, la figura de autoridad y la figura de calidez o ternura. Que estos roles pueden ejercerse esquemáticamente por separado en varias personas que las asumen, mostrarse indistintamente, según las necesidades, en las mismas personas, o bien en una sola si se trata de un núcleo monoparental.

El amor

Las ideas y creencias que tengamos sobre el amor son trascendentales a la hora de establecer relaciones de pareja. En este aspecto, como ocurre con la crianza de los hijos y con el sexo, apenas hay nadie que nos enseñe. El cine, la televisión y los iguales son la principal ventana por la que miramos y, claro, aprendemos sin principios de realidad y sin modelos que puedan aplicarse a la vida real y cotidiana.

Hay numerosas creencias respecto al amor romántico idealizadas por el cine y la literatura, en los que el apasionamiento tiene mucho atractivo, aunque la mayor parte de la gente se da cuenta de que pertenecen a una idealización. Un mito romántico hablaba de fusión entre los miembros de la pareja. Dos que se hacen uno. Pero esta idea produce muchas decepciones porque resulta poco probable que el "uno" hecho de dos no responda a un cálculo equilibrado y consensuado, sino más bien a un resultado de dominio de uno y del eclipse del otro, de anulación voluntaria o involuntaria en beneficio de la pareja, de los hijos, de la paz…

> *"Todas las críticas serias al amor romántico apuntan hacia su frecuente corrupción y metamorfosis en la esclavitud del amante o de la persona amada. En estos casos, el ansia de unión romántica original degenera y se transforma en deseo de fundirse con su pareja. Este impulso puede ser tan poderoso que el enamorado llega a sacrificar su libertad, su inde-*

pendencia o incluso su vida en el intento vano de conseguir la fusión total. Esto explica que el amante ante la amenaza real o supuesta de la pérdida de la pareja con un rival, el amante, arrebatado por los celos, puede llegar a matar a su amada y seguidamente suicidarse, para así evitar la separación en la vida o asegurar la unión en la muerte". L. Rojas Marcos, "Las Semillas de la Violencia", 2008.

La cultura y los roles de género van a facilitar o a dificultar la vida en pareja en función de las creencias sobre el amor de sus miembros.

"Si tú me dices ven, lo dejo todo", dice la letra de una canción, que hace referencia al impulso amoroso, a la atracción y a la predisposición altruista de este impulso. Sin embargo este: *"… lo dejo todo"* no puede tomarse de una manera absoluta, pues no puede significar: *"dejo de ser yo para ser tú, o lo que tú quieras que sea".*

Existe también una ideología amorosa que identifica amor con sumisión que no parece muy racional. Esta forma de concebir el amor como una especie de trance de enajenación transitoria la vemos en la literatura lírica de Francisco de Quevedo:

> *Amadores desdichados*
> *que seguís milicia tal,*
> *decidme qué buena guía*
> *podéis de un ciego sacar,*
> *de un pájaro qué firmeza,*
> *qué esperanza de un rapaz,*
> *qué galardón de un desnudo,*
> *de un tirano, ¿qué piedad?*
> *Déjame en paz, Amor tirano,*
> *déjame en paz.*

Sin embargo, parece que el amor es básicamente un deseo, una motivación esperanzada de lograr algo que pensamos o imaginamos que podemos alcanzar junto a otra persona. El deseo y la esperanza de hacer y llevar a cabo proyectos en común. Básicamente la felicidad. Aunque nos metemos en un problema sin haber salido de otro, porque si ya resulta difícil definir el amor, solo faltaba atreverse con la felicidad; otro concepto idealizado que se nos escapa de las manos y solo percibimos cuando ha volado. Al menos lo intentaremos.

Puede que la felicidad íntima sea simplemente la armonía entre el bienestar y la percepción de progreso personal en el sentido de satisfacer nuestra ampliación de posibilidades, a nuestra realización. Lo problemático puede ser hacer depender nuestro sentimiento de felicidad en lo que hagan otros y no en nuestros propios proyectos, aunque sean compartidos.

Recuerdo a un locutor de radio que presentaba programas deportivos y se despedía siempre diciendo: *"sean moderadamente felices".* Y es que la moderación cuando hacemos balance del grado de cumplimiento de nuestros deseos y aspiraciones, es decir, el sentimiento (que es siempre un balance emocional) de felicidad o de infelicidad, resulta transcendental. Entonces acordamos que la felicidad es un sentimiento (balance) y que el amor es un deseo, un proyecto.

Llegados a este matiz, quizá podríamos diferenciar también entre enamoramiento y amor, y creo que sería muy oportuno, porque sabemos que son cuestiones diferentes.

En el enamoramiento hay una explosión de los sentidos y una dictadura de las hormonas, un sinvivir de los instintos y de las pasiones para satisfacer también unos deseos: de capacidad de conquista, de ensoñación, de sexo, de competencia. La literatura lírica nos tiene acostumbrados a que se llame amor a esa excitación, a ese deseo no satisfecho, a ese vivir en vilo, a esos sentimientos que se producen por la falta de satisfacción del deseo y la expectativa de lograrlo. El enamoramiento es una fuerza de atracción, es efímero, puede desembocar en amor o esfumarse.

Gleen Wilson, citado por Marina, que es un psicólogo conocido por sus estudios sobre la compatibilidad de la pareja, sostiene que el amor adulto es un producto de al menos tres instintos principales: el de ser protegido, el de proteger a otros y el sexual.

Puede que nos ilustre la lengua de los esquimales que diferencia dos clases de amor: "unga", que es el deseo de estar con otra persona a la que se quiere, y "naklik", que es el deseo de hacer cosas a favor de la persona a la que se quiere.

> *"Amar sería considerar como propios los fines ajenos. Hay fines que no se pueden conseguir en soledad. La inteligencia compartida permite que la realización de un fin común colme los fines particulares de los componentes".* J. A. Marina, 2000.

El amor sería el deseo más sosegado de satisfacer las necesidades y apetencias con un proyecto maduro de realización con otra persona.

El psicoanalista Ethel S. Person, ha estudiado el deseo de posesión que forma parte del amor, y dice: *"La posesión es una forma de negar la humanidad y la identidad de la pareja, socava el respeto y el reconocimiento de la autonomía de la persona amada. El deseo patológico de dominar conduce al amante a exigir que la pareja le ame con exclusividad total, a que exista solamente para su beneficio. A la larga esto no es posible. El anhelo pasional de dominio y de control, justificado como un derecho natural, si no se satisface suele desembocar en la desconfianza, en el sentimiento de traición y en la violencia".*

III. La convivencia

La convivencia de las personas supone una coincidencia en un mismo espacio y, probablemente, en alguna actividad común en la que existe algún grado de dependencia o repercusión de lo que uno hace, hacia los demás; algún grado de cooperación y de reciprocidad.

Si no nos viésemos, no nos tocásemos y no repercutiese recíprocamente lo que hacemos, podríamos decir que no teníamos ningún grado de convivencia. Pero aquí nos vamos a referir a la convivencia en la familia, lo que supone un grado de cohabitación y de interdependencia que ocupa las esferas de la intimidad personal.

Cuando un niño asume los principios de la socialización primaria, aprende quién es él y quiénes son los demás, "los otros". Primero aprende a relacionarse con su grupo más próximo y aprende a ser exigente, o a ser paciente, a colaborar y a disputar.

La conceptualización de los otros, la "otredad", va a influir notablemente en su convivencia futura. En un primer momento el niño tendrá que aprender en un nivel elemental mediante la creación de hábitos, habilidades sociales más cotidianas, como pedir las cosas por favor, pedir disculpas, mostrar su acuerdo o desacuerdo con mesura, tratar con el sexo opuesto, defender sus derechos, afrontar los conflictos,... Al mismo tiempo hay que estar atentos a las emociones que se experimentan cuando nos relacionamos con los demás para evitar el miedo, el sentimiento de inferioridad o superioridad, la envidia, etc.

Más tarde la escuela, el grupo de iguales, el trabajo,..., le facilitarán la adquisición progresiva de habilidades de socialización.

La cultura nos ha dotado de unas creencias, valores y costumbres para afrontar los problemas que surjan en nuestra relación con el entorno social. Con esas creencias y la mentalidad que se deriva de ellas vamos a convivir con los demás. Aspiramos a vivir bien, esto quiere decir tener un bienestar físico, económico y psicológico, así como a realizarnos como personas individuales, sentirnos orgullosos de nuestros logros.

Como la convivencia es cosa de varios (aunque también existe una convivencia íntima con nosotros mismos) dependerá de que las mentalidades de las personas que conviven sean compatibles o complementarias, de forma que a ninguno de los participantes de esa relación, la misma le produzca una gran insatisfacción.

Me centraré en la pareja, ya que una buena convivencia en ella es la que facilita o promueve la felicidad de los participantes. Por un lado, los aspectos del bienestar físico, económico y psicológico, y además la ampliación de sus posibilidades intelectuales, económicas, etc. Por el contrario, entenderemos que la convivencia es mala cuando produce miedo, desesperanza, violencia, depresión.

Las relaciones basadas en la asimetría y la dependencia en que se sustenta la cultura patriarcal pueden no ser asumidas por alguno de los miembros de la pareja y generar inestabilidad en la relación. Vemos que han convivido aceptablemente aquellas parejas cuyas mentalidades les han permitido adaptarse a los roles de género perfectamente diferenciados y han seguido disciplinadamente sus preceptos, o aquellas otras parejas en las que la sumisión femenina se ha complementado con enormes dosis de resignación y/o complacencia.

Por el contrario, cuando la mentalidad masculina resulta insensible al cambio y la femenina no puede ni quiere someterse, se produce una gran conflictividad en la relación de pareja que va a más a lo largo del tiempo.

Hay un aspecto en todo lo relacionado con las mentalidades y los roles de género que no he tratado hasta el momento y que no he encontrado en ninguna de mis lecturas; se trata de lo siguiente:

Por un lado, cuando hablamos de cultura patriarcal, de mentalidades machistas, de relaciones asimétricas, etc.; parece que hablamos del pasado. Y cuando hablamos de autonomía de la mujer respecto al hombre, de relaciones simétricas, de cooperación en los cuidados, en el sostenimiento económico de los hogares, etc.; parece que hablamos del presente o de lo deseable. Sin embargo creo que esto no es así, pues ni todos los hombres de una, dos o más generaciones atrás han sido insensibles a los procesos de igualdad, ni todos los jóvenes de hoy conciben a la mujer como alguien con los mismos derechos y deberes. Ni siquiera lo conciben así todas las jóvenes mujeres del presente.

La mayoría de las mujeres saben que queda mucho camino por recorrer hacia la igualdad y hacia una cultura de la convivencia íntima satisfactoria. Solo tenemos que hacer recuento de víctimas de la violencia de género, entre las que hay muchas mujeres jóvenes, para comprobarlo. Vivimos en sociedades heterogéneas y asíncronas, donde las personas tienen diferentes modelos culturales y por tanto morales, con mentalidades en diferentes momentos de evolución. Y esto debería ser tenido en cuenta cuando una pareja inicia una relación de convivencia en la que existe una vinculación afectiva dominada por una fuerza potentísima a la que denominamos amor.

La autonomía

Como ya veníamos desvelando, quizá el cambio cultural más importante en las relaciones entre hombres y mujeres ha consistido en la ruptura de los estereotipos de género que a su vez establecían roles muy cerrados y constreñían las relaciones de pareja desde la dependencia de la mujer.

La autonomía de cualquier ser humano es la meta, el término de su desarrollo vital, es el punto de partida del derecho individual a elegir su camino.

La mujer ha recorrido y sigue recorriendo un arduo camino hacia su liberación para poder relacionarse sin someterse, con reciprocidad e igualdad. Estableciendo relaciones con el grado de profundidad y vinculación acordados por las partes. Ahora es necesario que a este empeño se sumen los hombres.

Si definimos autonomía como la capacidad para regirse por las normas que nosotros mismos nos damos, en el caso de las relaciones afectivas de pareja sería la capacidad de asumir compromisos y hasta sumisiones en aras de realizar proyectos personales compartidos, es decir, de elegir, perseguir y llevar a cabo nuestros fines. Recordemos la definición de amor como persecución de fines ajenos que permite realizar los nuestros.

En las relaciones de pareja surge pues el dilema de, por un lado, la necesidad de convivir y estar vinculados y, por otro articular las propias expectativas de nuestra individualidad. Dilema que solo podría resolverse reconociendo que la consecución de muchas metas personales solo pueden satisfacerse colaborando en metas ajenas.

Me parece que Jorge Bucay identifica muy bien la autonomía de la que hablamos:

QUIERO

Quiero que me oigas, sin juzgarme.
Quiero que opines, sin aconsejarme.
Quiero que confíes en mí, sin exigirme.
Quiero que me ayudes, sin intentar decidir por mí.
Quiero que me cuides, sin anularme.
Quiero que me mires, sin proyectar tus cosas en mí.
Quiero que me abraces, sin asfixiarme.
Quiero que me animes, sin empujarme.
Quiero que me sostengas, sin hacerte cargo de mí.
...

Ser autónomo significa no estar siempre y para todo a expensas de los demás. Ser conscientes de los propios deseos, tener proyectos y ser capaces de tomar decisiones. Pero ser autónomo no significa ser una isla, puesto que vivimos y necesitamos vivir vinculados, la virtud será no perder la autonomía aun cuando sepamos compartir y colaborar con los demás.

Tienen gran dificultad para asumir la autonomía quienes dan excesiva importancia a la opinión que sobre sí, tienen los demás. Y en un caso extremo, quienes padecen algún trastorno de la personalidad por dependencia, que puede terminar siendo dependencia amorosa y que, por el pánico que les produce la posibilidad de perder el afecto, se convierten en absolutamente sumisos y son capaces de soportar cualquier humillación con tal de no quedarse solos. No se consideran capaces de soportar la soledad y en caso de tener una nueva relación, ésta será nuevamente de absoluta dependencia.

Según J. A. Marina, cada persona interpreta su situación de diferente manera en función de sus creencias atendiendo a tres factores subjetivos:

1. Los deseos y proyectos que tiene la persona y la información sobre el estado de los mismos que le proporcionan los sentimientos.
2. Las creencias sobre la realidad, sobre cómo son las cosas y sobre cómo deberían ser.
3. Las creencias acerca de uno mismo y de su capacidad para enfrentarse con los problemas.

Creo que con estos tres factores podríamos explicarnos por qué algunas personas en similares condiciones objetivas de vida experimentan vivencias absolutamente dispares. La clave estaría en sus creencias y en los sentimientos que se corresponden con ellas.

Cuando más adelante veamos las características de las personas maltratadas en la pareja veremos que, en algunos casos, cuando han soportado durante años la situación de maltrato es porque su pérdida de autonomía derivó en dependencia.

El caso de Genoveva

Un ejemplo de descubrimiento y asunción de la autonomía personal:

> Los gitanos rumanos forman una sociedad en la que la tradición es la ley patriarcal y principalmente virilocal, es decir, la residencia suele establecerse con la familia del marido y bajo la autoridad del padre de éste. Suelen coincidir varias generaciones; los padres, los hijos con sus esposas e hijos y las hermanas no casadas. Suelen moverse y asentarse en grupos familiares más extensos del tronco patriarcal.

Los matrimonios son pactados por los padres, y en el acuerdo se establece un precio de la novia que percibe el padre de la joven esposa.

Por mi trabajo como profesor de un centro en el que se escolariza a jóvenes que se encuentran privados de libertad por sentencia judicial, hace algún tiempo tuve ocasión de entrevistar a Genoveva (nombre supuesto), una muchacha de nacionalidad rumana y etnia gitana, que llevaba poco tiempo en España, por entonces tenía quince años y acababa de ingresar en el centro de ejecución de medidas judiciales.

Genoveva, aunque apenas sabía leer y escribir, pues su escolaridad en Rumanía fue muy corta e intermitente, mostró mucho interés por aprender y se aplicó en los estudios con enorme aprovechamiento. El contacto con los adultos que trabajan en el centro de menores, sobre todo con las mujeres y con otras jóvenes españolas, de otras nacionalidades y algunas también rumanas, le sirvió para tomar conciencia de su identidad personal de mujer, mujer gitana rumana, y casada.

Genoveva progresó mucho en sus competencias curriculares, pero los cambios más llamativos se produjeron en su pensamiento íntimo. Una gran transformación, una ruptura cognitiva que le hizo ver el mundo de una forma distinta y proyectar su vida por un camino diferente al señalado para una joven rumana gitana y casada.

En un grupo marginal como el de Genoveva, la suegra parece ser un poder fáctico que obliga, por delegación del poder del patriarca, a realizar aquellas labores que se le encomiendan y, para sobrevivir, en muchas ocasiones las labores encomendadas pueden ser la comisión de pequeños robos o hurtos que, en casos de mala suerte o de resistencia de la víctima, pueden terminar produciendo lesiones y complicando las cosas para sus autores desde el punto de vista penal.

En el centro, el trabajo con Genoveva se planteó de la misma forma que con los demás jóvenes, intentando que desarrollen, durante el tiempo en que permanecen cumpliendo su medida judicial, aspectos en los que se han detectado carencias y, por tanto, necesidades en una joven adolescente: mejorar su competencia curricular, sus hábitos de higiene y salud, sus habilidades sociales, su autoconocimiento y autocontrol, el respeto a las normas de convivencia y proyectar su futuro de una forma diferente mediante la educación formal y la orientación académica y profesional.

Genoveva demostraba encontrarse a gusto en el centro y se relacionaba de forma absolutamente correcta, tanto con los profesionales como con sus iguales, chicos y chicas en su misma situación de privación de libertad. Podríamos decir incluso que parecía sentirse feliz. Al cabo de poco menos de un año en régimen cerrado, el juez modificó la forma de ejecución de la medida judicial y pasó a régimen semiabierto. Esto significaba que debería comenzar a realizar algunas actividades de su programa de reeducación y reinserción fuera del centro, en situaciones normalizadas.

Genoveva comenzó un Programa de Cualificación Profesional Inicial de jardinería en un centro muy próximo que cuenta con un equipo de profesores muy comprometido y lo continuó durante un año y medio alcanzando un éxito absoluto. Cuando empezó a salir del centro de menores temíamos que quebrantase la medida judicial obligada por su grupo familiar, como sucede con cierta frecuencia; sin embargo no ocurrió. Es más, cuando la medida judicial fue transformada en libertad vigilada solicitó, y su solicitud fue apoyada por el centro de menores, ser acogida temporalmente en una vivienda protegida. Como aún continuaba estudiando el programa de jardinería detectamos que su clan familiar la estaba buscando para obligarla a volver a su seno.

Genoveva contactó con su padre y le convenció para que devolviera el precio de la novia que había recibido más una compensación para evitar la persecución a la que estaba siendo sometida y la mancha en el honor del padre y de su familia por el incumplimiento de las normas impuestas por su cultura. Parece ser que el padre entregó 15.000 € al clan del marido de Genoveva y con ello cubrió la mancha sobre su honorabilidad.

No he vuelto a saber de Genoveva, sé que finalizó lo que estudiaba y que siguió recibiendo el apoyo de las redes de asociaciones de mujeres que luchan por la igualdad de género.

Las otras jóvenes gitanas rumanas con las que he trabajado han sido buenas alumnas, han aprovechado la oportunidad de la escolarización mientras estuvieron privadas de libertad (en cierta medida, liberadas) pero el hecho de tener hijos les hace casi imposible ni siquiera el plantearse un cambio en sus vidas porque los hijos "pertenecen" al padre y a su clan.

En cualquier caso, la experiencia de Genoveva no fue algo buscado por los profesores, psicólogos, trabajadores sociales o educadores, sino un cambio encontrado por ella misma, que le supuso enormes sufrimientos y que puso en peligro su integridad física. Genoveva eligió su libertad y aceptó sus costes, uno de ellos es la incertidumbre.

Tuvimos la oportunidad de observar los cambios en la joven y de incidir en ellos, pero las circunstancias y otros factores de su itinerario vital desconocidos por nosotros (teoría del caos) es seguro que contribuyeron a que se produjese la transformación.

Por otra parte, aun cuando creamos honestamente que actuamos a favor de una vida mejor para Genoveva, igual que con los demás alumnos, eso no asegura su felicidad. La felicidad es un balance favorable de sentimientos como ya hemos visto. Puede que alguna de las otras jóvenes sea más feliz obedeciendo como madre, como esposa y como nuera y reproduciendo después su rol como suegra porque no llegue nunca a plantearse otra posibilidad más que la de seguir el camino marcado de la certidumbre de su mentalidad y de sus creencias. Es la felicidad del obediente, la que ya no podría disfrutar Genoveva porque descubrió su dignidad y el libro en blanco de sus posibilidades.

Si volvemos a los tres factores subjetivos de los que nos habla J. A. Marina, Genoveva modificó sus creencias sobre la realidad de cómo son las cosas y cómo deberían ser al conocer otras realidades en el trato entre hombres y mujeres, al convivir con otros jóvenes de su edad pero de distinta procedencia, y modificó también las creencias sobre sí misma y su capacidad de enfrentarse a la realidad que se le había impuesto y que le mostraba un camino de certidumbres, pero cerrado a su voluntad. Modificó finalmente su identidad al plantearse la posibilidad de tener deseos y proyectos propios que, si bien van acompañados de un porcentaje infinitamente mayor de incertidumbre, lo compensan con la voluntad y la esperanza.

Debo hacer constar que bastantes antropólogos sociales consideramos que el matrimonio pactado por los padres y el matrimonio forzado son lo mismo, lo que nos sitúa ante un problema en el que los estados, entre ellos el español, actúan por omisión desde el relativismo cultural, pues permiten (o no impiden) que se vulneren los derechos humanos de jóvenes mujeres por un supuesto respeto a una cultura que impone sus normas a sus miembros aunque vulneren las normas generales.

Me preocupa enormemente que en el siglo XXI los estados permitan que sigan produciéndose matrimonios forzados y la compra-venta de úteros reproductores por un supuesto respeto a las peculiaridades culturales.

El conflicto

Antes de abordar el maltrato creo necesario que nos detengamos a analizar el concepto que tenemos de conflicto. Que las relaciones humanas son complejas es obvio debido a que tenemos diferentes intereses, sensibilidades, emociones, sueños, esperanzas, deseos,…, y la convivencia íntima si no la cuidamos puede ir perdiendo calidad, produciendo prejuicios, desinterés, desconfianza,…, es decir, pueden levantarse muros a la comunicación.

En la convivencia humana es lógico que aparezcan conflictos, unas veces porque se confrontan intereses, otras porque en uno afloran sentimientos negativos y los pone de manifiesto ante los demás. Podríamos decir que los conflictos son inevitables y forman parte normal de la realidad cotidiana. Deberíamos ser conscientes de que plantear los conflictos sin acritud y con normalidad es saludable y facilita la búsqueda de soluciones. Es preferible a ir aparcando asuntos o problemas que no afrontamos y terminan pareciendo irresolubles, que se convierten en tabú hasta que ya no se pueden soportar y, bien estallan o bien producen la desconexión afectiva y el rencor callado de la sumisión.

Cómo seamos capaces de afrontar los conflictos es la clave para lograr resolverlos de forma inteligente. Podríamos decir que los conflictos tienden a resolverse cuando nos permiten seguir afectivamente conectados y tienden a agravarse cuando el afecto se ve dañado porque disminuye la posibilidad de una comunicación franca y sincera. En este caso aparecen barreras cada vez más insalvables, se producen las evitaciones y aparecen los temas tabú.

Josep Redorta, psicólogo social que ha estudiado sobre la resolución de conflictos desde un plano general (no específicamente en la familia), afirma que un conflicto tiende a desbocarse cuanto mayor es la implicación de los aspectos emocionales y es más controlable cuanto menor implicación emocional tenga.

> RAZONAMIENTO y < EMOCIÓN = MAYOR CONTROL
> < RAZONAMIENTO y > EMOCIÓN = MENOR CONTROL

Por otra parte, Redorta piensa que en el núcleo de todo conflicto desbocado siempre están las relaciones de poder. Y propone el análisis de los procesos de competición y de cooperación, porque pueden servir de indicadores para interpretar muchos tipos de conflictos:

Interdependencia de objetivos.	**Positiva** (Ambas partes pueden lograr sus objetivos simultáneamente)	COOPERACIÓN
	Negativa (Solo uno logra su objetivo y el otro pierde)	COMPETICIÓN

Ante un conflicto se pueden adoptar varias estrategias:

- Ignorar y dejar que se aplaquen las emociones.
- Prevenir y anticiparse.
- Retrasar para ganar tiempo.
- Negociar para buscar acuerdos.
- Agudizar, "echar más leña al fuego".
- Arbitrar: se toma una decisión desde el poder.
- Reprimir, que es castigar desde el poder o la autoridad.

Para el referido Galtung, los conflictos son connaturales a las relaciones humanas y positivos en tanto que implican un cambio. Bien gestionados pueden ser una excelente herramienta pedagógica. Ahora bien, esto implica un trabajo, tanto de enseñar como de aprender a gestionar los conflictos. El problema con el conflicto empieza cuando las necesidades de dos o más personas son antagónicas, puesto que esto genera una crisis difícil de resolver. Por eso, hay que poder abordar el conflicto antes de que llegue a la crisis.

Más adelante veremos cuáles son las estrategias que conviene utilizar dependiendo del tipo de conflicto y a quién enfrenta.

Las relaciones de poder

Las relaciones de poder en un grupo, como lo es la familia, pueden ser multidireccionales. El marido las puede ejercer sobre su esposa, ésta sobre sus hijos o contra otros miembros de la familia, puede establecer alianzas con los hijos para enfrentarse a su marido, etc. Es posible que solo desde los estudios de género no puedan obtenerse todas las explicaciones, sin embargo ofrecen una visión que abarca la mayor parte de las dimensiones a tener en cuenta. Como hemos dicho anteriormente, el sistema patriarcal establece claramente unos esquemas de poder de género y este poder se basa en el dominio de los hombres. El camino hacia la igualdad es un camino arduo porque se transita en el mundo de las creencias y las mentalidades, y los avances son asíncronos (no coinciden en el tiempo), pues en cada sociedad hay grupos de personas que ya han hecho parte del camino hacia la igualdad de género mientras que otros aún no han tomado la salida.

En nuestro ánimo por clarificar lo que nos pasa volvemos a mirar los poderosos influjos de los moldes de género que nos acompañan porque los llevamos incorporados a nuestra identidad y, solo cuando tomamos conciencia de ellos podemos criticarlos.

Al hablar de relaciones de poder entre personas estamos hablando de una relación asimétrica en la que uno impone y otro obedece. Hasta aquí solo hemos clarificado los términos sin hacer valoraciones. Ocurre a menudo que otorgamos el poder de guiar o dirigir a alguien porque confiamos en su capacidad para ello, le otorgamos autoridad y obedecemos o hacemos caso a su dirección. Es una relación de poder en la que al mismo tiempo se colabora. Existen facetas de la vida en las que obedecemos o nos dejamos guiar y otras en las cuales podemos ser nosotros los que ejercemos un cierto poder. Hablaríamos entonces de parcelas de poder o responsabilidad.

Cuando las personas se mueven en una dinámica de igualdad, la disparidad de criterios se intenta encauzar hacia soluciones acordadas, mediante la cooperación, evitando que uno gane y otro pierda. Como dice J. A. Marina en "La pasión del poder", 2008: *"Lo importante no es lograr que no existan relaciones de poder, sino que sean coyunturales; que se construyan sobre un cimiento de igualdad, y que produzcan situaciones de suma variable* (yo gano y tú ganas). *Por coyunturales entiendo que las posiciones de poder no sean fijas ni institucionales, como lo eran las que derivaban del estatus, sino móviles e intercambiables, de acuerdo con la coyuntura. En términos coloquiales,*

que un día vayamos a un concierto y otro a un partido de rugby". [...]
"Un miembro de la pareja puede ceder, pero si ese acto es interpretado por
la otra persona como una demostración de amor, y no como un triunfo suyo,
la relación queda fortalecida."

Dependemos de numerosos poderes en la vida social: el poder político, el laboral, el económico, etc. y estas dependencias no resultan problemáticas en la medida que no sean abusivas, alienantes o deshumanizadoras; porque lo que nos preocupa es el poder abusivo que desemboca en dominio y control.

Aunque todas sean situaciones en las que el dominio y el control están presentes, no podemos comparar la obediencia de un secuestrado a su secuestrador con la de una monja a su madre superiora; ni la de una mujer maltratada con otra que cumple con las imposiciones sociales de su rol tradicional de esposa sin plantearse nada más. El matiz diferenciador radica en la voluntad, en la conciencia y en los sentimientos. Incluso el miedo puede ser un factor a considerar.

Lo que nos preocupa cuando estudiamos las distintas formas de maltrato, abuso o violencia intrafamiliar son las relaciones en las que alguien abusa de su poder estableciendo su dominio y el control sobre otros, pretendiendo la obediencia absoluta a sus deseos y manejando para ello los dos mecanismos más importantes que utiliza el poder: el premio y el castigo. Mecanismos que sirven para controlar las creencias, los sentimientos y los deseos de los dominados.

El equilibrio en las relaciones íntimas y, en general en las relaciones humanas, debería situarse entre la suficiente afirmación personal de cada uno y la capacidad de comprender y ponernos en el lugar del otro. No ser ni lobos ni corderos. Haber desarrollado suficientemente la asertividad, que es la capacidad de afirmar nuestra personalidad y defender nuestros gustos y opiniones, al mismo tiempo que la empatía o capacidad de participar afectivamente en la realidad de los otros. Porque hay quienes piensan que no tener conflictos es positivo para la convivencia. No discuten las opiniones ajenas, no aportan propuestas alternativas, se aguantan con las decisiones de otros, es decir, se reprimen habitualmente. Pero terminan dejando traslucir su malestar. Actúan sin darse cuenta, acumulan presión como una olla exprés y corren el riesgo de estallar.

Confrontar los gustos, las apetencias y las opiniones no tiene nada de malo. Al contrario, la única forma de hacernos respetar es demostrando nuestra humanidad y respetando al mismo tiempo la humanidad de los otros.

La violencia y el maltrato

"A ser lobo se aprende, y a ser cordero también".

La violencia humana no es instintiva, **se aprende**.

> *"Las semillas de la violencia se siembran en los primeros años de vida, se cultivan y desarrollan durante la infancia y comienzan a dar sus frutos en la adolescencia. [...] Los hombres torturan y matan por venganza, violan por dominio y se suicidan por desesperación, no por instinto".* L. Rojas Marcos, "Las semillas de la violencia", 2008.

El mito de la agresividad innata del hombre se corresponde con la creencia de que la mayoría de los animales salvajes son feroces asesinos. Dentro de esta concepción se suele incluir el mito de la ley de la selva, la supervivencia en un mundo hostil en el que, o se es depredador, o se es devorado. Es más, se extiende a toda una concepción del mundo dividido entre El Bien y El Mal que justifica una violencia buena, la de los héroes que se enfrentan a los villanos.

Como ya hemos hablado de las creencias y de la influencia de éstas en nuestras mentalidades, podremos tomar conciencia de cuánto nos influyen las ideas innatistas sobre el origen de la violencia en los seres humanos. Sin embargo, el origen de las agresiones y del maltrato suele estar más próximo a la idea de reacción frente a los acontecimientos que ocurren a nuestro alrededor. La reacción violenta se correspondería con un patrón de conducta aprendido y dispuesto a ser utilizado como medio para la resolución de los problemas.

¿Debemos entender lo mismo por violencia que por maltrato?

Según explican Reynaldo Perrone y Martine Nannini desde su experiencia como terapeutas familiares, la interacción violenta puede adoptar dos formas:

- **Violencia agresión,** que se da entre personas vinculadas por una relación simétrica (del mismo nivel).
- **Violencia castigo,** que se produce entre personas implicadas en una relación de tipo complementario (jerárquico o de distinto nivel).

Podríamos adoptar a partir de ahora el término maltrato para designar más específicamente a la violencia castigo. Una relación puede ser simétrica en un principio y derivar posteriormente hacia la asimetría. Del mismo modo, una interacción violenta ha podido comenzar siendo de tipo agresión y puede derivar posteriormente en una relación de maltrato, porque el agresor pretende dominar absolutamente a su víctima y a veces lo consigue.

La agresión violenta vendría definida por las lesiones que produce y el maltrato por el sometimiento, el miedo, la humillación, el dominio en suma.

El temperamento de algunas personas puede hacerles más proclives a utilizar la fuerza física pero, como ya hemos visto, el temperamento es solo el sustrato genético (hereditario) sobre el que se moldea el carácter mediante la educación.

En los términos de la teoría de Galtung estaríamos hablando de violencia directa, la visible, que se produce como un abuso de autoridad cuando alguien cree tener poder sobre otro, acto que sucede generalmente en las relaciones asimétricas.

Por otra parte, los estudios de género nos hablan del hombre violento que tiene la obligación social de demostrar su virilidad mediante la fuerza física, el desprecio de la razón y el dominio sobre las mujeres. Que lucha por no crear dudas sobre su virilidad. Este aspecto de la masculinidad está cambiando radicalmente y a gran velocidad ya que, entre otros, con los movimientos de reconocimiento y respeto a la homosexualidad, ya no resulta tan importante para un chico velar por su imagen viril como prueba incuestionable de su identidad masculina. Esperemos que esta liberación traiga aparejada la erradicación de la violencia como patrón de conducta usual para resolver conflictos, para compensar frustraciones o como demostración de dominio y poder.

Tenemos el potencial de ser violentos debido a que tenemos una cualidad a la que llamamos *agresividad,* que es innata y sirve para enfrentarse, en nuestra defensa, a retos y peligros para nuestra integridad o nuestra supervivencia.

> *"No debemos confundir agresividad con violencia, pues el ser humano es agresivo por naturaleza, pero pacífico o violento según la cultura en la que se desarrolle."* J. Sanmartín, 2002.

Cada cultura modela y canaliza el potencial de la agresividad, establece qué conductas son permitidas y cuales deben ser reprimidas. A este proceso le llamamos socialización. Pero, como la realidad social en que nos movemos es muy compleja, a veces hay grupos cuya socialización es marginal porque solo es válida para su contexto restringido.

Para nuestro análisis, no nos interesa centrarnos en una concepción de la violencia exclusivamente como uso de la fuerza física que causa daño; sino en el uso sistemático de recursos de maltrato y abuso de poder y de fuerza, ya sea física o psicológica.

Consecuentemente, cuando hablemos de **violencia o maltrato** nos estaremos refiriendo a **cualquier acto que atente contra la integridad física, psíquica o moral de otra persona, ya sea por acción o por omisión, con el fin de obtener el dominio o el control sobre ella.** En definitiva, **la violencia es un recurso cultural de poder.**

La declaración sobre la eliminación de la violencia contra la mujer aprobada por la Resolución de la Asamblea General 48/104 del 20 de diciembre de 1993, establece la siguiente definición: A los efectos de la presente Declaración, por "violencia contra la mujer" se entiende todo acto de violencia basado en la pertenencia al sexo femenino que tenga o pueda tener como resultado un daño o sufrimiento físico, sexual o psicológico para la mujer, así como las amenazas de tales actos, la coacción o la privación arbitraria de la libertad, tanto si se producen en la vida pública como en la vida privada.

Si el recurso a la fuerza y el dominio es un patrón aprendido hay que desvelar cuáles son los agentes que difunden estas enseñanzas.

El primer patrón del que hemos hablado es la cultura patriarcal y machista que plantea un paradigma de dominadores y dominados, pero habrá que profundizar más en busca de otras causas, ya que la cultura patriarcal no es causa suficiente, porque no todos los hombres son violentos y maltratadores, o dicha cultura no afecta por igual a todos los hombres.

La experiencia que con más eficacia predispone a utilizar la fuerza bruta como patrón de conducta que sirve para oponerse a las frustraciones o las contrariedades es haber sido objeto o testigo de actos violentos de forma frecuente durante la infancia por parte, sobre todo, de los progenitores. Cuando se crece entre abusos, humillaciones y crueldades es fácil asimilarlos como patrón habitual de conducta y no percibirlos como algo horrible y reprobable.

Otro aspecto a tener en cuenta, como veremos cuando nos detengamos a estudiar la violencia ejercida por los hijos hacia sus padres, es la falta absoluta de límites y de frustraciones en la primera infancia, origen de los niños tiranos.

Según los estudios que manejan las asociaciones que luchan contra la violencia de género, no hay un perfil de maltratador tipo, ni la raza, ni la religión, ni la clase social, ni la profesión son factores determinantes; el único factor común es la creencia de estar por encima de las víctimas del maltrato (que en la mayoría de los casos son mujeres o niños) y pensar firmemente que lo merecen.

Respecto a la terminología que se emplea cuando se trata sobre la violencia o el maltrato, conviene aclarar que **"Violencia de género"** es aquélla que se ejerce sobre la mujer por el hecho de serlo, y **"violencia doméstica"** es la ejercida sobre cualquier miembro de la comunidad familiar. Por lo que "violencia doméstica" puede englobar a "violencia de género", pero no siempre, porque como veremos más adelante, multitud de casos de agresión y asesinato se producen a manos de exnovios, exmaridos o exparejas.

Por otra parte, tendremos que analizar la "violencia doméstica" diferenciando los actores del ámbito familiar que actúan como agresores y los que actúan como víctimas en cada caso.

Está claro que nos encontramos ante un problema de humanidad que afecta a toda la humanidad. Resulta muy complejo conocer cifras oficiales respecto a la violencia doméstica en general, y respecto a la violencia de género comienza a haber estadísticas oficiales de algunos estados en los que se ha legislado específicamente al respecto. En cualquier caso, en los países en los que desde las instituciones gubernamentales se lucha contra este problema con la ayuda y movilización de organizaciones sociales, las cifras son alarmantes. En España, por ejemplo, entre 2003 y 2012, murieron asesinadas 652 mujeres a causa de la violencia de género según las cifras oficiales. Solo alrededor de un 30% había denunciado a su agresor previamente. Cada día se producen más de 350 denuncias.

En América Latina, el Secretariado General de Naciones Unidas suele publicar las cifras de feminicidio o femicidio ocurridos durante el año anterior aprovechando la celebración del Día Internacional de la Eliminación de la Violencia contra la Mujer cada 25 de noviembre. En 2011 murieron asesinadas 2.645 mujeres en 17 países de América Latina. Algunos países aún no publican las cifras.

Sin embargo no es solo una mera cuestión de cifras, pues éstas contabilizan los casos de muerte, de lesiones, de violaciones, de ataques, etc. que trascienden por su gravedad; lo que nos lleva a pensar que aquellos que no trascienden porque no ha llegado a intervenir la justicia deben ser muchísimos más. Nuevamente podemos utilizar la metáfora del iceberg.

La forja de un violento

"El violento no nace; se hace". Esta frase podría resumir gran parte de lo que vamos a decir a continuación.

Recordemos que la personalidad de un individuo está constituida por una base biológica heredada (el temperamento) y por el aprendizaje que se realiza en el seno familiar principalmente (el carácter). En "el reparto de cartas" que se produce en la gestación del ser humano recibimos en suerte unas cartas u otras. Hay toda una baraja de posibilidades combinatorias que quedan materializadas en el feto. Entre los rasgos genéticos que le pueden tocar en suerte a un niño en forma de predisposiciones que tengan importancia para que resulte más fácil desarrollar un carácter violento, podríamos destacar los siguientes: la irritabilidad, el déficit de atención, la impulsividad, la hiperactividad y algún déficit cognitivo.

¿Quiere esto decir que quien tenga estos rasgos será inexorablemente violento? La respuesta es NO. Lo que pasa es que con buenas cartas es más fácil ganar, aunque no se sepa y con malas cartas también se puede ganar, pero hay que saber jugar y esforzarse más. Ganar, en este sentido es no perder, es decir, lograr controlar las predisposiciones genéticas por medio de las pautas educativas.

Debo decir también que algunos rasgos son problemáticos en nuestras sociedades porque no encajan en los moldes que les tenemos reservados a los niños. Un niño hiperactivo sería muy valorado en una sociedad en la que hubiera que estar con todos los sentidos alerta y dispuestos a salir corriendo o a dar la alarma ante un peligro inminente, por ejemplo en la prehistoria, la presencia de un tyrannosaurus rex. Sin embargo ahora esperamos de un niño que solo se concentre en lo que le pedimos y sea capaz de estar sentado un largo rato atendiendo, sin moverse y escuchando. Si no es capaz de hacer eso que le pedimos le tenemos reservado un síndrome. Pero esta es la realidad y debemos intentar que los niños se adapten a ella sin dejarlos tirados por el camino. Se supone que para eso está la educación.

Las predisposiciones genéticas no controladas y encauzadas pueden dar lugar a que se desarrollen con mayor virulencia ciertos trastornos cuya expresión final puede ser la violencia. A veces las pautas educativas podrán evitar que se desarrolle un trastorno y, en muchas ocasiones aunque no se pueda evitar, al menos se podrá encauzar su tratamiento para que sus efectos no sean tan dañinos y no marquen negativamente la vida del niño o del joven. Parece claro que las respuestas violentas se producen frecuentemente porque el niño se ve rechazado y porque sistemáticamente fracasa en aquello que se le exige (que muchas veces es algo imposible para él en ese momento). Cuando la situación se nos va de las manos y aparecen los primeros síntomas alarmantes los padres, con la colaboración de los profesores, deberían pedir ayuda a los especialistas para atajar los problemas cuanto antes.

Entre los males conocidos que parten de una predisposición genética podemos destacar los siguientes:

- **Trastorno de oposición desafiante,** también denominado "negativista desafiante". Se trata de un patrón de conducta desafiante, hostil y desobediente hacia las figuras de autoridad que se manifiesta hacia los 7-8 años, con mayor frecuencia en los niños que en las niñas y cuyo origen es una combinación de factores biológicos y psicosociales. Se cree que tiene mucha importancia cómo se creó el vínculo afectivo materno. Cuando no se trata adecuadamente puede derivar en un trastorno de conducta.

- **Trastorno de conducta.** Se da en la niñez y en la adolescencia como patrón de comportamiento crónico que se manifiesta en actividades antisociales como agresiones, acoso, destrucción de bienes públicos, consumo de drogas, actividades delictivas, etc. También se da con mayor frecuencia en los varones y su desarrollo se asocia al trastorno negativista desafiante no encauzado, al maltrato infantil, a la drogadicción de los padres, a la violencia familiar,…Cuando no se hace frente a este trastorno puede llegar a convertirse en un trastorno de la personalidad antisocial.

- **Trastorno de hiperactividad con déficit de atención (TDHA).** Es un trastorno por falta de atención y por exceso de actividad (hiperactividad) e impulsividad. Afecta a entre el 5% y el 10 % de la población infantil y es tres veces más frecuente en los niños que en las niñas. Quienes lo padecen presentan dificultades para mantener la atención, realizar un esfuerzo mental sostenido, realizar tareas repetitivas o conocidas, mantenerse quietos, etc. Puede aparecer solo como déficit de atención, como hiperactividad, o de forma combinada. Con frecuencia los niños y niñas que padecen este trastorno se ven rechazados por los adultos y por sus iguales al no poder ajustarse a las pautas y normas de sus juegos y actividades. De igual manera tienen muchas dificultades escolares al resultarles muy difícil mantener la concentración, esperar a que se haga una pregunta para responder, mantenerse en calma, etc. Estos rechazos y fracasos continuados pueden provocar comportamientos antisociales y respuestas violentas en quienes padecen TDHA si no se encauza adecuadamente mediante pautas educativas ajustadas.
- **Trastorno de la personalidad antisocial.** En los casos más graves los médicos hablan de psicopatía. El patrón de conducta habitual de quienes padecen este trastorno es la manipulación, la explotación y la violación de los derechos de los demás. Con frecuencia su comportamiento es delictivo.

La prevención de la violencia

La familia.- Puesto que los aprendizajes sociales básicos (la socialización primaria) se realizan en la familia, es en ella donde se debe prevenir la violencia relacional. Como ya hemos visto, si no se realizan estos aprendizajes es muy probable que aparezcan la fuerza y la violencia como modos habituales de resolver los conflictos. Reynaldo Perrone y Martine Namini proponen estos aprendizajes sociales básicos:

- La aceptación de la diferencia.
- La aceptación de la autoridad.
- El respeto de las reglas.
- La tolerancia a la frustración.
- La experiencia del compromiso.
- La experiencia de la negociación.

Estos aprendizajes sociales básicos constituyen un conjunto de hábitos de relación con los demás que deberían comenzar a adquirirse desde la cuna. No son contenidos curriculares, se aprenden con el modelo, con el clima afectivo; con el ejemplo. Cuando los hijos tienen mayores dificultades es cuando hay que hacer un esfuerzo extraordinario para vencer las predisposiciones de los temperamentos difíciles.

La escuela.- La escolarización complementa la socialización primaria y pone al niño o a la niña en situación de comenzar su socialización secundaria. Las dificultades individuales de los alumnos deben ser abordadas y afrontadas en colaboración con las familias ayudando a los niños a vencer las resistencias de su temperamento. Erradicar el rechazo y la exclusión de los alumnos con problemas debería ser un objetivo de cualquier centro educativo.

La escuela necesita educar en el afianzamiento de los aprendizajes sociales básicos para poder realizar su otra función, la de enseñar. Para ello necesita la colaboración de las familias de los alumnos y del resto de la sociedad. A su vez la atención psicopedagógica debería ayudar a las familias de los alumnos con dificultades a encauzar coordinadamente los tratamientos educativos con los médicos, así como las actuaciones sociales en las primeras etapas educativas.

Los sistemas de salud pública y servicios sociales y de atención a la infancia.- La detección y el tratamiento temprano de los trastornos que podrían derivar en la exclusión social y la delincuencia de los jóvenes puede hacerse desde la medicina. Y desde los servicios sociales y de atención a la infancia, pueden realizarse tanto la detección como el tratamiento, en colaboración con los centros de salud y con los centros educativos.

La sociedad.- Como hemos visto al analizar las causas de la violencia, ésta es un fenómeno social que se visibiliza alarmantemente cuando adquiere forma de violencia directa, mientras que permanece casi invisible en sus formas de violencia estructural y cultural. Desde las instituciones públicas, desde la televisión, desde el ejemplo de los líderes sociales, se puede dirigir el rumbo del cambio hacia sociedades menos violentas por ser más cultas, más justas y más inteligentes.

Por otra parte, como docente, a menudo he sentido cierta frustración e impotencia al comprobar que en la sociedad suele haber escasa autoridad para exigir a algunas familias que cumplan con su responsabilidad de cuidar y educar a sus hijos, avocándoles a situaciones de exclusión y de sufrimiento en el futuro.

SEGUNDA PARTE
Violencia y maltrato en la familia

Un problema social existe principalmente en los términos en que es definido y concebido en la sociedad.

H. Blumer.

IV. Las manifestaciones en la familia

Hemos llamado violencia o maltrato a cualquier acto que atente contra la integridad física, psíquica o moral de otra persona, ya sea por acción o por omisión, con el fin de obtener el dominio o el control sobre ella.

El Consejo de Europa en 1986 definió la violencia familiar de la siguiente forma: "Todo acto u omisión sobrevenido en el marco familiar por obra de uno de sus componentes que atente contra la vida, la integridad corporal o psíquica, o la libertad de otro componente de la misma familia, o que amenace gravemente el desarrollo de su personalidad".

Esta definición introduce un matiz apropiado a la familia porque se menciona el desarrollo de la personalidad de sus miembros, algo que nos remite a la idea de autonomía de las personas y a la trascendencia de la educación de los hijos.

La Organización Mundial de la Salud, clasifica los actos violentos de la siguiente forma: *físicos, sexuales, psicológicos o basados en las privaciones o el abandono (negligencia).* Y Browne y Herbert, 1997, hacen la siguiente clasificación:

Violencia activa, abuso o maltrato

Física. Infligir o amenazar con daño o lesiones, por ejemplo: empujones, bofetadas, golpes, estirones de pelo, mordiscos, patadas, torcer los brazos, golpear con objetos, quemaduras, etc. Coerción forzada y limitar movimientos físicos. Otras fuentes añaden: obligar a comer elementos incomibles, privar de comida, expulsar violentamente del domicilio, obligar a consumir alcohol, drogas..., pudiendo desembocar en homicidio.

Sexual. Contacto sexual sin consentimiento, cualquier contacto sexual coercitivo o con fines de explotación, por ejemplo: caricias, relaciones sexuales vaginales o anales, ataques a zonas sexuales del cuerpo. Obligar a ver imágenes o actividades sexuales y amenazar con contactos sexuales.

Psicológico. Infligir angustia a través del control y limitación de acceso a familiares y amigos, escuela o trabajo; aislamiento forzado, ser testigo involuntario de actividades e imágenes violentas; intimidación, usar el miedo o el daño físico, las amenazas, los chantajes, amenazas de suicidio y acoso hacia los demás; destrucción de propiedades y mascotas.

Emocional. Realizar de forma habitual críticas, humillaciones, denigración, insultos, silenciar, dañar la autoimagen.

Material (económico). Explotación financiera o ilegal y control de fondos y otros recursos necesarios para la supervivencia económica y personal. Obligar a una persona a ser dependiente económicamente.

Violencia pasiva o negligencia

Negligencia voluntaria. Rechazo o fracaso en las obligaciones de cuidar, incluyendo acciones intencionadas de causar estrés físico o emocional, por ejemplo: abandono deliberado o no proveer de dinero, alimentos, pobre cuidado de la salud, ausencia de afecto y de protección sexual, etc.

Negligencia involuntaria. Fracaso en las obligaciones de cuidar, sin intención de causar estrés físico o emocional, debido a ansiedad, conocimiento inadecuado, pereza o enfermedad.

No es infrecuente que se combinen simultáneamente diferentes formas de violencia sobre una víctima. Y también suele suceder que el maltrato sea continuado (crónico).

Con mucha frecuencia se produce una transmisión generacional de la violencia intrafamiliar. Como ya hemos dicho anteriormente, un factor de riesgo de adopción de la violencia como patrón relacional es haber presenciado situaciones de violencia doméstica en la niñez. El patrón suele ser asimilado como actor, en el caso de los niños, o como víctima, en el caso de las niñas, pero puede darse también a la inversa.

Según el modelo de interacción entre los sujetos que intervienen, la violencia puede ser, siguiendo la clasificación de Perrone, R. y Nannini, M. ya referidos anteriormente:

- **Violencia agresión:** los intervinientes se posicionan en un mismo nivel. La escalada violenta desemboca en una agresión mutua. No importa que uno de los actores tenga más fuerza física porque la confrontación se produce en un nivel existencial. Quien domina en lo físico puede ser más vulnerable en lo psicológico o emocional. Se ejerce la violencia activa con diversas formas de agresión. La misma se produce con frecuencia variable. Se desencadena cuando uno de los actores se siente agredido o bien cuando uno de los miembros teme que se haya roto el equilibrio igualitario. Para evitar dar signos de sumisión provoca una agresión reequilibradora.

- **Violencia castigo:** (maltrato). Se parte de una posición jerarquizada. Los intervinientes adoptan los roles de agresor y víctima. Se utiliza tanto las formas de violencia activa como pasiva. El agresor pretende moldear a la víctima mediante la dominación para que sea "como debe ser", conforme a su imagen del mundo. El castigo sigue un patrón reiterado ante cualquier signo de insumisión o amenaza a su dominio, por ejemplo, no tener la comida a su hora.

Las motivaciones del agresor pueden ser, además de la necesidad de afirmación del poder y del control sobre el otro, reacciones de rabia ante la posibilidad de insumisión y el desahogo de la furia por cualquier frustración, aun cuando la víctima no tenga nada que ver con la causa de la misma.

Agentes de la violencia intrafamiliar

La violencia o el maltrato intrafamiliar puede ser ejercido y/o padecido por cualquier miembro de la familia:

- Ejercida por los adultos:
  - Entre la pareja.
  - Contra los hijos.
  - Contra los ascendientes.
  - Contra otros miembros.
- Ejercida por los hijos:
  - Entre los hermanos.
  - Contra los padres.
  - Contra otros miembros.
- Ejercida por adultos e hijos:
  - Contra los ascendientes.
  - Contra otros miembros.

Violencia y maltrato ejercido por los adultos

Muchas de las características del maltrato continuado en forma de violencia castigo son comunes en las diferentes formas en que se presenta, según los sujetos intervinientes. Me extenderé más en el análisis de dichas características cuando trate sobre la violencia en la pareja y no será necesario extenderse en las mismas, en los demás casos.

V. Violencia en la pareja

Hay parejas cuya relación desemboca frecuentemente en divergencias muy ruidosas y en peleas que alarman a quienes se encuentran a su alrededor. Conforman un patrón relacional igualitario con episodios de paz y episodios de verdadera batalla campal. Conciben su relación como una guerra de poder en la que ninguno de los contendientes quiere ceder un palmo de terreno. Si nos fijamos en lo que decíamos respecto a los conflictos, siempre plantean cualquier divergencia en términos competitivos. No se independizan del objeto de la controversia, por lo que del resultado de la misma solo se puede salir ganador o perdedor. Plantean siempre conflictos de suma cero (si uno gana el otro pierde). Se posicionan en una opción elegida de antemano y la mantienen irracionalmente mediante un anclaje irreflexivo. En muchas ocasiones estudian o imaginan el posicionamiento del otro para oponerse al mismo solo porque necesitan afirmar su poder individual. Prefieren perder los dos a ganar los dos, porque ganar los dos supondría la cooperación y la cesión, en parte. A los tiempos de batalla les siguen épocas de calma y reparación durante los cuales los miembros de la pareja pueden curarse, reparar los desperfectos, pedirse disculpas, hacerse regalos, compensarse. Conforman la relación descrita en el dicho popular: "Ni contigo ni sin ti tienen mis males remedio. Contigo porque me matas, sin ti porque me muero".

En este tipo de relación violenta ni la identidad ni la autoestima sufren menoscabo interno, salvo por sus efectos sociales cuando las peleas trascienden, pero los hijos pueden sufrir graves daños emocionales y corren el riesgo de reproducir los mismos patrones de relación en el futuro ya que no tienen ocasión de aprender en casa modelos de cooperación, de resolución de conflictos de suma variable.

Puede llegar a ser muy problemático si los contendientes establecen alianzas con los hijos para que participen en la guerra conyugal.

En este tipo de relación no se utiliza la violencia como medio para mantener el control y el dominio sobre el otro, sino para no ser dominado.

Las formas en que se ejerce la agresión recíproca suele ser de tipo físico, verbal y de venganza reequilibradora, por ejemplo: un miembro de la pareja se compra un capricho muy caro sin estar previsto y con grave menoscabo para el presupuesto, y el otro miembro hace lo mismo como respuesta, aunque tenga que endeudarse.

Aunque, como hemos dicho, este tipo de violencia no dañe la identidad de los contendientes, puede derivar en el tipo de violencia castigo en el momento en que se rompan los equilibrios y pase a tomar el dominio uno de ellos.

En la relación de violencia castigo el maltrato es ejercido de forma abrumadoramente mayoritaria por los hombres hacia las mujeres, lo cual no excluye que haya mujeres maltratadoras y hombres víctimas. En cualquier caso es igualmente injustificable y es preciso combatirlo.

Es a este tipo de violencia al que se denomina violencia de género, violencia machista, terrorismo doméstico, etc. Está estrechamente relacionado con una concepción patriarcal del contrato de pareja tradicional: "protección" (masculina) a cambio de "obediencia" (femenina), que niega la reciprocidad de las relaciones igualitarias a partir de una concepción de dominio masculino. (Corsi y Peyrú 2003).

Este tipo de violencia es una forma de ejercer el poder para controlar la conducta del otro y limitar su libertad, en suma, de ejercer el dominio.

La víctima, generalmente la mujer, se encuentra en una relación en la que constantemente recibe castigos, incluso alguna vez es compensada con algún premio por haber hecho las cosas como está mandado. Entra en una dinámica en la que, si no recibe un castigo, eso es ya un premio y, a su vez, la supresión del premio es un castigo.

> *"Una mujer maltratada considerará un premio la detención del castigo. Y a partir de ese momento repetirá las conductas que han sido recompensadas por la detención del castigo. En ese caso, puede olvidar que toda la situación de miedo en que vive es ya un castigo, para sentirse satisfecha por no recibir, por ejemplo una paliza. Puede acabar agradecida a su pareja por no pegarle y refugiarse en ese nicho de recompensa, aceptando un marco general de terror e injusticia."* J. A. Marina, 2008.

Características de la violencia de género

Las estrategias que suele seguir el maltratador-controlador siguen la lógica de la posesión total:

- El miedo que producen sus reacciones violentas e iracundas hace que a la víctima no le merezca la pena provocarlas, por lo que prefiere no causar problemas.
- El aislamiento social. Se va privando a la víctima de sus relaciones personales y familiares mediante la desacreditación hacia las personas, el entorpecimiento de los contactos, la intromisión insidiosa y el chantaje

afectivo. "Si me quieres a mi…". La mujer maltratada termina siendo extremadamente cauta con lo que dice, prefiere el silencio, prefiere pasar desapercibida para no provocar la reacción del maltratador.

- El recurso a "los celos", puesto que socialmente se perciben como demostración de amor, el agresor puede justificar su agresión como legítima. Como veremos más adelante, los celos constituyen todo un sistema justificativo de la violencia en la pareja.

La víctima por su parte, configura su sumisión a partir de sentimientos de impotencia, de miedo, de vergüenza, de culpa, con baja autoestima, sin capacidad para encontrar una salida a su situación, lo que le puede llevar a aceptar ésta como merecida y a negar o a minimizar el maltrato.

Además, muchas mujeres temen no ser creídas, sobre todo si el estatus social del agresor es favorable y goza de buena reputación en su comunidad.

Los celos

Los celos se sustentan en el supuesto derecho a la propiedad en exclusiva sobre otra persona a quien se quiere solo para sí y en su totalidad. Hemos dicho ya anteriormente que el mito del amor romántico se basa en la unión total de dos que forman uno solo. Cuando en uno de los amantes se rompe el fino cristal de la confianza y surgen dudas sobre la seguridad de la posesión total, cuando cae en la cuenta de que no son uno, sino dos; algunas personas pierden la racionalidad y se exige el derecho a la posesión, se obtiene por la fuerza si es preciso, se obliga, se espía, se pierde el respeto a la autonomía del otro y se le esclaviza. Todo ello sustentado por el supuesto derecho natural que sella la relación de pareja como algo inamovible que pierde su carácter afectivo y voluntario para convertirse en obligatorio y vitalicio. Un vínculo que solo la muerte puede romper.

No nos puede extrañar que la literatura universal esté llena de obras que narran historias de amor cuyo desenlace es un crimen pasional. Se sustentan sobre las creencias del amor romántico en las que al desvanecimiento del afecto, del cariño, del respeto…, se les llama traición.

Si nos fijamos en las informaciones que día tras día dan cuenta de crímenes de violencia de género o violencia machista, vemos que se repite con mucha frecuencia que el amante celoso, ante el riesgo real o imaginario de perder a su amante, llega a matar a su pareja o expareja y, acto seguido, intenta suicidarse. Seguramente en su desesperación piensan: *"Si no eres mía, no serás de nadie"*.

La víctima del celoso no tiene escapatoria, si pone fin a la relación por no poder soportar las dudas y las agresiones, corre peligro de morir asesinada, si lo soporta también.

La violencia en las separaciones de pareja

Lo dicho anteriormente podría servir para explicarnos por qué gran número de separaciones de pareja se producen de forma violenta y terminan enredadas con denuncias cruzadas por agresión, por disputas por los bienes materiales o por la custodia de los hijos. En opinión de Rojas Marcos la causa de la violencia en las separaciones de pareja se explica porque aún no hemos aceptado que los pilares más sólidos sobre los que suele apoyarse la relación de pareja (amor, seguridad y felicidad) son conceptos míticos y frágiles. La naturaleza humana es cambiante, y cualquier contrato que imponga una pureza total de sentimientos, exija una consistencia absoluta de deseos o imponga una visión inamovible de la vida, es la antítesis de nuestra naturaleza y no puede por menos que acarrear consecuencias desastrosas.

La incertidumbre es quizá la más pesada carga que arrastra el ser humano. Constantemente estamos buscando certidumbres, asideros, obligaciones y blindajes que nos ofrezcan seguridad; sin embargo, reconociendo nuestra fragilidad podemos ser capaces de darnos cuenta de que nos falta inteligencia para desarrollar una cultura del bien, del cuidado recíproco, del buen trato a los demás, que aún no hemos sabido iniciar.

El ciclo de la violencia

El ciclo consta de **tres fases,** una vez instalado en una relación de pareja es muy difícil frenarlo y tiende a repetirse con más frecuencia e intensidad:

a. **Acumulación de tensión:** es el resultado de la acumulación de conflictos en la pareja. Se detecta al observar cambios imprevistos y repentinos en el estado de ánimo del agresor. Reacciones agresivas a sus frustraciones o ante cualquier señal de independencia que manifieste la mujer.

b. **Explosión de la violencia:** es el resultado de la tensión acumulada. Se produce una descarga de la misma que puede adoptar distintas formas y grados de intensidad.

c. **"Luna de Miel":** es la fase de la manipulación afectiva. Disminuye la tensión. El agresor puede pedir perdón y prometer no volver a llevar a cabo acciones violentas. Reconoce su culpa y resurge la relación. Sin embargo, esta etapa dará paso a una nueva fase de tensión.

Factores de permanencia del sufrimiento

El hecho de que la víctima no deje al agresor en principio puede deberse a varias razones:

- Por pensar que él cambiará.
- Por temor al sufrimiento emocional de sus hijas e hijos.
- Por el estado psicológico en que se encuentra: la pérdida de autoestima, el miedo, etc., le impiden poder tomar una decisión y afrontar el reto de la liberación.
- Por temor a que su pareja la agreda mortalmente si se separa.
- Por carecer de independencia económica.
- Por falta de apoyos externos que le faciliten la liberación.

Cómo detectar la violencia de género

Se pueden identificar las situaciones de riesgo:

Si la pareja:

- Ignora los sentimientos del otro con frecuencia.
- Ridiculiza o insulta a las mujeres como grupo.
- Utiliza su visto bueno, aprecio o afecto como premio o castigo.
- Humilla a su pareja en privado o en público (críticas, insultos, gritos).
- Rechaza mantener relaciones sociales en compañía de su pareja.
- Controla el dinero de su pareja y toma las decisiones.
- No "permite" trabajar a su pareja.
- Le aísla de sus familiares y/o amigas y amigos.
- Con frecuencia amenaza con abandonarla o con hacerle daño a ella o a su familia.
- Castiga inadecuadamente o priva de cuidados a las hijas e hijos.

- Amenaza con quitarle a las hijas e hijos en caso de dejarlo.

Y la víctima:

- Padece con frecuencia diversas formas de malestar físico como dolor de cabeza, torácico, espalda, abdominal, pélvico, insomnio, ahogos.
- Presenta lesiones agudas en múltiples puntos en forma de magulladuras, erosiones, cortes...
- Padece ansiedad, confusión, depresión, sentimientos de culpa, baja autoestima...
- Presenta dolores inespecíficos...

Si se están produciendo una o varias de estas situaciones, podría estar sufriendo violencia o maltrato de género.

Consecuencias de la agresión

La violencia de género puede producir efectos en todas las facetas de la salud:

Sobre la salud física

Lesiones (que pueden revestir diversos grados de gravedad), enfermedades de transmisión sexual, sida, embarazo no deseado, problemas ginecológicos, cefaleas, malestares físicos... Si la agresión se produce en una mujer embarazada, puede existir consecuencias para el feto: aborto, parto prematuro, muerte fetal, lesiones en el feto o en el recién nacido.

Sobre la salud mental

Se produce tanto por la violencia psíquica como por el impacto emocional que genera la violencia física, sobre todo si existe sensación de peligro.

Comprende cuadros de depresión o ansiedad, trastornos por estrés postraumático, trastornos de la conducta alimentaria (anorexia, bulimia), diversas manifestaciones psicosomáticas...

Sobre la salud social

La violencia de género puede originar sobre la mujer: aislamiento, desconfianza, desvalorización y/o dificultad para entablar relaciones sociales presentes y futuras.

Secuelas en la víctima del maltrato

- Autoestima pendular (a veces alta y otras muy baja).
- Interiorización del machismo, de la dependencia del varón y en general de todas las figuras de autoridad.
- Miedo, en ocasiones, pánico.
- Estrés que se manifiesta en forma de reacciones incontroladas.
- Conmoción psíquica aguda.
- Crisis de ansiedad.
- Depresión.
- Desorientación.
- Incomunicación y aislamiento provocado por el continuo desamparo social.
- Desmotivación, ausencia de esperanzas.
- Carencia de poder real para solucionar el problema (Impotencia/Indecisión).
- Vivencia y transmisión de roles sexistas.
- Generalmente, antecedentes parentales de violencia familiar.
- Poco o nulo margen en la toma de decisiones de la vida de pareja y de su propia vida.
- Baja interiorización de valores sociales y democráticos.
- Trastornos alimentarios severos (bulimia/anorexia).

- Trastornos del sueño.
- Irritabilidad y reacciones de indignación fuera de contexto.
- Sometimiento/Subordinación /Dependencia.
- Dudas e indecisiones por bloqueo emocional.
- Asume la responsabilidad de los sucesos (culpabilización).

Evaluación del riesgo, gravedad y urgencia

Evaluar el riesgo no resulta sencillo dado que no existe un medidor con el que podamos establecer niveles de gravedad. Sin embargo sí existen ciertos **indicadores** que nos ayudarán a detectar el riesgo existente, basándonos fundamentalmente en:

- La frecuencia de los incidentes violentos: a mayor frecuencia, más riesgo.
- La severidad y gravedad de las lesiones físicas o consecuencias emocionales producidas en anteriores ocasiones.
- La percepción de la gravedad que manifiesta la mujer: mayor riesgo ante la minimización, es decir, cuando la propia mujer maltratada, a pesar de la evidencia, le resta importancia.
- Las reacciones anteriores del agresor ante tentativas de ruptura por parte de la víctima.
- La posesión de armas o antecedentes penales por conducta violenta.
- Las amenazas del agresor: anuncio de las acciones de maltrato cuando la mujer manifiesta al agresor su propósito de abandonarlo, de poner fin a su convivencia, o cuando se encuentra en proceso de finalizarla.
- Cuando el agresor incumple una posible orden de protección obtenida por la mujer.

Check Out Receipt

Little Village

Monday, September 30, 2019 4:21:35
PM

Item: R0442344216
Title: Conócete a ti mismo y a los
demás : descubre los secretos del
milenario arte de la interpretación del
rostro
Due: 10/21/2019

Item: R0602026951
Title: Familias en conflicto : cómo
prevenir, detectar y actuar
Due: 10/21/2019

Item: R0605030098
Title: Si quieres casarte con mi hija,
debemos hablar: tengo que hacerte 12
preguntas
Due: 10/21/2019

Total items: 3

Thank You!

626

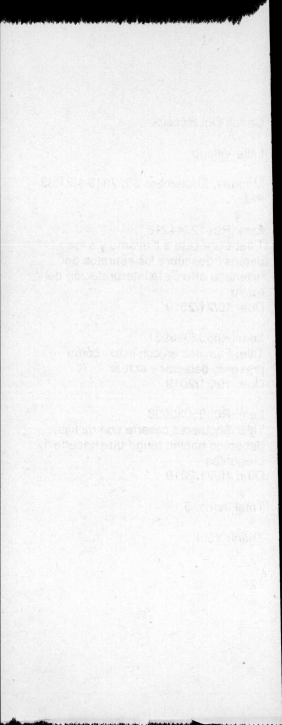

Las señales de advertencia

Reproduzco aquí un cuadro de observación de comportamientos que propone Álvarez, A. en su *Guía para mujeres maltratadas*, 2002.

Señales de advertencia	Sí	No	A veces
1. Controla habitualmente mi tiempo.			
2. Es celoso y posesivo.			
3. Me acusa de ser infiel y coquetear.			
4. Me desanima constantemente a salir o mantener relaciones con los amigos o la familia.			
5. No quiere que estudie.			
6. No quiere que trabaje.			
7. Controla mis gastos y me obliga a rendir cuentas.			
8. Me humilla frente a los demás.			
9. Rompe y destruye objetos de valor sentimental.			
10. Me amenaza.			
11. Me agrede.			
12. Me fuerza a mantener relaciones sexuales.			
13. Agrede a los animales de compañía.			
14. Me desautoriza delante de los hijos.			
15. Compite con los hijos por mi atención.			

Claves para la interpretación de los resultados:

Si has colocado positivo: SI /A VECES	
EN LAS CASILLAS:	PUEDES ENCONTRARTE:
1, 2, 3	En el proceso de inicio de posibles maltratos.
4, 5, 6	En el proceso de gestación de la dependencia.
6, 7	En el proceso de control económico.
8, 9, 10, 11	En el proceso de maltrato muy grave.
12	Sufres abuso sexual.
13, 14, 15	En situación de maltrato psicológico/emocional.

La victimización

Durante mucho tiempo se ha intentado culpabilizar a la víctima de su situación de maltrato, lo que ha favorecido lo que se conoce como «doble victimización de la mujer», que supone convertirla en víctima no solo de una terrible situación de violencia, sino también de toda una serie de acusaciones que la responsabilizan de esa situación.

Doble victimización:

- La **victimización primaria** son las consecuencias directas del delito como el daño físico y moral y la falta de seguridad.
- Se le llama **victimización secundaria** a la repercusión negativa que padece la víctima de delitos como éste en el contacto con la justicia, la sanidad, la prensa o la familia. El efecto que tiene en las víctimas el hacer público un delito que antes no salía del ámbito de lo

privado y que, en ocasiones, lejos de proporcionar a la víctima la protección y solución justa, le ocasiona nuevos problemas.

En la actualidad existe suficiente evidencia que demuestra que el maltrato contra la mujer en la pareja puede ocasionar una serie de trastornos y problemas de carácter psicológico que no deben pasarse por alto.

¿Qué es el **estrés postraumático**?

Los procesos de salud psíquica estudiados abarcan desde el consumo de determinadas sustancias y baja autoestima hasta trastornos de ansiedad, depresión y el trastorno por estrés postraumático. Este trastorno engloba un conjunto de síntomas de ansiedad que aparecen tras la experimentación de un acontecimiento traumático, como es un episodio de maltratos dentro de la pareja.

La víctima puede padecer ataques de pánico ante el temor de que se repita la situación de agresión y puede tratar de evitar en todo momento que su pareja se enfade. Eso le puede llevar a ser sumisa, aunque esa sumisión le provoque después sentimientos de impotencia y rabia reprimida que puede canalizar consumiendo tranquilizantes, alcohol, adicción al juego, a las compras compulsivas...

Estrategias defensivas del agresor

Las estrategias defensivas utilizadas por el agresor suelen conseguir un resultado excelente al trasladar la responsabilidad de la agresión a la víctima, provocando una doble victimización cuando afirma que miente, que está loca o que le provocó.

El agresor a menudo:

- Racionaliza los ataques de forma que parezca que está bien lo que hizo.

- Resta importancia a la agresión para conseguir distanciarse del daño causado, argumentando que éste no ha sido tan grave: *"no la pegué, solo la empujé"*.
- Suele achacar su comportamiento a la falta de trabajo, el exceso en los gastos, a sus problemas con el alcohol, etc. Con este mecanismo trasladan la responsabilidad a cuestiones ajenas a si mismos.
- Asegura no recordar, no ser consciente de lo que se le recrimina.
- Niega abiertamente los ataques utilizando como defensa este mecanismo para restar credibilidad al relato de la víctima.
- Explica coherentemente conductas y hechos.
- La explicación real y la motivación de las mismas no serían admitidas por la instancia moral de la personalidad si el entorno social no admitiese esos comportamientos como legítimos.
- Atribuye a la víctima la responsabilidad de las conductas violentas.

> *"Las mujeres tienen que seguir con el camino del fortalecimiento de su autoestima y de la defensa de sus derechos en todos los ámbitos, incluido el doméstico. Además, de cara al futuro, tienen que cambiar el modo en que educan a sus hijos varones en los valores de la masculinidad tradicional."*
> Jorge Corsi.

¿Qué hacer frente al maltrato?

Lo primero es saber que no estamos solos. Afortunadamente la sociedad se está haciendo sensible y tomando conciencia de la existencia y de la envergadura de este problema. Está adoptando medidas legales y sociales para afrontarlo desde instancias internacionales como la ONU, nacionales por medio de leyes que luchan contra la violencia de género, y hasta locales, pues muchos Ayuntamientos y organismos oficiales han creado estructuras para este menester. No obstante, y aceptando todo tipo de ayudas, es la víctima quien debe tomar las riendas de su vida sin esperar que otros la dirijan. Hay que pensar que "hoy es el primero del resto de sus días". Si se acumulan las fuerzas necesarias para luchar por su liberación, siempre encontrará a otras mujeres que han salido de esta situación y estarán dispuestas a ayudar, pero la iniciativa debe ser suya.

Debe saber que **ejercer la violencia contra los demás es un delito** y que no tiene por qué soportar que le traten mal. Por ello:

Es acertado:

- Informarse de los teléfonos y direcciones a los que puede acudir para pedir ayuda y asesoramiento: teléfonos de auxilio específico como el 016 en España, los de la policía o cuerpos de seguridad del estado, asociaciones contra la violencia de género,…
- Hablar de ello, pero solo con las personas de la máxima confianza y que estén dispuestas a ayudarle a salir de esta situación.
- Mantener la calma y seguir unas pautas con tranquilidad, sin acciones precipitadas por la ira o por las emociones tras un episodio de maltrato.
- Planificar las acciones que va a realizar y, si es posible, contar para ello con ayuda de personas incondicionales.

No es acertado:

- Amenazar al agresor con denunciar, escapar o pedir ayuda a otras personas, porque esto le puede poner en guardia y provocaría agresiones graves o respuestas que empeorarían la situación.

- Comunicar sus planes a las personas de su alrededor que conocen su situación de maltrato y no le han expresado su disposición a ayudarle.
- Evidenciar que va a hacer frente a la situación.

Cuando se está soportando una situación de violencia, la autoestima está muy deteriorada como consecuencia de vivir soportando continuamente insultos, humillaciones, control del dinero, desprecios, coacciones, miedo, imposición del acto sexual,...

Muchas veces parece que resultará difícil superar esa situación, pero es fundamental plantearse que **sí es posible** superar esa etapa de miedo y angustia, y tomar las decisiones necesarias para afrontar una nueva vida, dejando atrás la ansiedad y el terror.

El resultado de soportar, durante algún tiempo una situación de violencia de género es que la autoestima y las habilidades sociales de las víctimas se encuentran muy deterioradas y ello les hace considerar que salir de la situación de violencia es muy difícil. Pero lo fundamental es tomar conciencia de que permanecer en esa situación no solo es perjudicial para su salud física y psíquica, sino que esos efectos se irán haciendo más graves a lo largo del tiempo y que aunque inicialmente parezca complicado, el afrontar un cambio de la situación les permitirá superar poco a poco la violencia de genero soportada y conseguir una vida más tranquila y satisfactoria.

Si se está sufriendo una situación de violencia, es importante permanecer alerta para afrontar un episodio de emergencia como consecuencia de una agresión por la que pueda ser conveniente abandonar temporalmente el domicilio para garantizar su seguridad.

Cómo actuar para afrontar la situación

Si se sufre violencia de género por parte del marido, compañero, novio, exmarido, excompañero o exnovio:

- Lo primero es asesorarse llamando al teléfono institucional para ese fin que haya en su país (ver apartado "¿Adónde acudir a pedir ayuda?"), en una asociación de mujeres especializada, en un centro de atención a la mujer de la localidad, en el centro de servicios sociales o en el centro de salud.

- Si se tiene que salir de casa, hay que preparar antes: originales o fotocopias de DNI o pasaporte, cartilla de la Seguridad Social, informes médicos suyos y de sus hijos, Libro de Familia, certificado o acta de matrimonio, certificado o acta de nacimiento de sus hijos, libreta de ahorro o los datos de la cuenta corriente, tarjeta de crédito y dinero, lista de teléfonos de contacto de los allegados, llaves, denuncias anteriores por malos tratos,...

- Buscar una persona de confianza a la cual pueda acudir en caso de urgencia (familiares, amigos, vecinos).

- Si se tienen hijos, conviene llevarlos consigo. Su seguridad es prioritaria. Pero es necesario asesorarse antes si se tiene que viajar para que no le puedan acusar de secuestro.

- Una vez asesorada, se puede interponer una denuncia y/o solicitar una orden de protección en el juzgado de violencia sobre la mujer, en el juzgado de guardia, o en la comisaría de policía. Cuando se detalle la violencia que se ha sufrido por parte del marido, compañero o novio, exmarido, excompañero o exnovio, hay que contar todos los episodios de violencia vividos, citar a las personas que hayan sido testigos directos de la misma, e identificar correctamente al agresor.

- Siempre que haya lesiones, acudir al centro de salud para someterse a un examen y pedir una copia del informe médico. Si se celebra un juicio, es muy importante poder demostrar las lesiones sufridas. Hay que tener en cuenta que las lesiones pueden ser físicas o psicológicas. Recordar siempre que no se es culpable de la violencia, el único responsable es el agresor.

La orden de protección

La mayoría de las legislaciones nacionales contra la violencia de género están incorporando progresivamente la orden de protección de las víctimas para velar por su seguridad, una vez que han denunciado su situación

Por ejemplo, si se reside en España y se acude a la justicia, le ampara la Ley Orgánica 1/2004, de 28 de diciembre, de Medidas de Protección Integral contra la Violencia de Género.

Es muy importante poner en conocimiento de la justicia, la situación de violencia de género que se está sufriendo para que se puedan activar las medidas de protección previstas en la ley de Medidas de Protección Integral contra la Violencia de Género y en la ley de la Comunidad Autónoma de residencia.

¿Cuáles son las medidas que se pueden adoptar?

La Orden de Protección conlleva medidas de tres tipos, las más importantes son:

- En el ámbito penal. Orden de alejamiento de la víctima y/o prisión provisional del agresor.
- En el ámbito civil. Atribución del uso de la vivienda familiar, guardia y custodia de hijas/os y pensión de alimentos para hijas/os.
- En el ámbito social. Ayuda económica para las mujeres que carezcan de ingresos.

¿Dónde se solicitan las medidas de la Orden de Protección? En el juzgado o en la comisaría de la Policía Nacional.

Es recomendable que antes de presentar la denuncia se informe adecuadamente en la asesoría jurídica de la Concejalía de Mujer, si existe en su Ayuntamiento o solicitando la asistencia del abogado de oficio del turno de violencia de género en el juzgado o la comisaría de Policía. Las mujeres que sufren violencia de género tienen derecho a solicitar que durante todo este proceso legal les asista un abogado desde el momento de realizar la denuncia. Existen profesionales del turno de oficio especializados en violencia doméstica.

Después de solicitar las diferentes medidas que conlleva la Orden de Protección, en las 72 horas siguientes a la denuncia, el juzgado va a valorar la situación de riesgo expuesta y puede acordar alguna o todas las medidas solicitadas.

Es conveniente que en la solicitud de Orden de Protección se refleje de la forma más completa y exhaustiva posible, la situación de violencia que se está viviendo, ya que será determinante para que los jueces adopten las decisiones oportunas:

- Exponer desde cuándo se está sufriendo esta situación y el grado de riesgo que se percibe.
- Reflejar los hechos de agresión concretos, intentando recordar las fechas y las condiciones en que se han producido.
- Expresar literalmente los insultos y las amenazas recibidas detalladamente con fechas y situaciones concretas.
- Expresar si estos hechos se han producido dentro del hogar y/o en presencia de hijos o alguna otra persona.
- Contar si han sucedido con anterioridad otras situaciones de malos tratos y, si es así, reflejarlas aunque no hayan sido denunciadas previamente.
- Exponer si existen denuncias previas.

- Recoger si en algún momento se ha recibido atención en algún servicio médico o de salud por este motivo y si existen partes de lesiones o informes al respecto.
- Mencionar si el agresor posee armas.

¿En qué consiste la Orden de Protección?

La Orden de Protección es un instrumento legal diseñado para proteger a las víctimas de la violencia doméstica y/o de género frente a todo tipo de agresiones. Esta orden unifica los distintos instrumentos de protección a la víctima previstos por el ordenamiento jurídico y le otorga un estatuto integral de protección.

Medidas de seguridad (tras la separación)

Los hombres violentos casi siempre persiguen a su excompañera, pues no se resignan a perder su lugar de poder y dominio en la familia. A medida que la víctima recupere su autonomía, el agresor se volverá más peligroso. Se debe estar preparado para esto.

Medidas de autoprotección:

Si se consigue que el agresor salga de la casa y se ha obtenido una resolución judicial en ese sentido:

En el hogar:

- Cambiar inmediatamente la cerradura.
- Cambiar de número de teléfono e informar del nuevo solo a aquellos en quienes se confíe.
- Llamar a la policía si se es acosada. Pedir la copia de la denuncia. Tener cuidado con la dirección que se facilita en las denuncias y otros documentos a los que pueda tener acceso el agresor. Sería conveniente que la correspondencia se recibiera en casa de alguien de absoluta

confianza. También se puede pedir en las Asociaciones de apoyo a mujeres que reciban la correspondencia.

- Informar de la situación a vecinos, familiares y compañeros de trabajo.

En el trabajo:

- Pedir a los compañeros que filtren las llamadas.
- Si se es funcionaria o existe posibilidad de movilidad en la empresa, solicitar un cambio confidencial de destino.
- Cuando sea posible, cambiar los horarios.

A los hijos:

- Explicar a los hijos con claridad lo que sucede sin dramatizar la situación. Razonar con ellos por qué es necesaria la separación y por qué, durante algún tiempo, no verán al padre.
- No se debe disimular el peligro.
- Demostrarles que se entiende que estén asustados y confusos.
- No se debe poner en duda que ellos quieren a su padre, pero hay que aclararles que el comportamiento de éste es inadmisible y peligroso, que las cosas no pueden seguir así, que la violencia debe terminar urgente y definitivamente.
- No se les debe hablar con angustia, irritación, ni emplear insultos al referirse a su padre.
- Si se describe objetivamente el comportamiento inadmisible, los hijos lo podrán comprender, aunque no les guste.
- Si los hijos son pequeños, hay que asegurarse de que sepan bien los nombres completos, la dirección y el teléfono de la casa y de la familia (abuelos, tíos, etc.). Conviene hacerles una tarjeta con esos datos y con el

número de la policía, del abogado y de alguna otra persona a la que puedan acudir ante cualquier problema.

- Cuando son menores, deben tener instrucciones para que no abran la puerta ni den datos por teléfono ni a extraños ni al padre, si éste se presenta o llama. Deben tener muy claro que se está en una situación límite de supervivencia y que se corre un grave peligro.

- Un hombre violento que ya no vive con su compañera e hijos, no tiene derecho a visitar a los niños dentro de la casa en que éstos se alojan. Sí tiene derecho a verlos fuera de ella siempre que el juez así lo haya dictaminado. En ese caso, no se debe dificultar. Los niños deben ser entregados fuera de la casa, en la puerta de la calle, en la esquina o en algún lugar que se haya acordado previamente. Hay que intentar que la entrega y recogida la efectúe una persona de confianza, evitar hacerlo la víctima.

- El pago de la pensión de alimentos es generalmente una excusa para los encuentros o las agresiones por parte de los excompañeros. Conviene abrir una cuenta bancaria donde se transfiera el dinero y queden registradas las operaciones.

- No conviene frecuentar los lugares habituales conocidos por el agresor. Cambiar de supermercado, farmacia, gasolinera, etc.

- Cuando la decisión de escapar esté tomada hay que recordar que no se debe difundir el lugar en que se piensa buscar refugio, ésta es una de las premisas fundamentales a seguir. Una de las tácticas habituales del agresor es mostrarse arrepentido haciendo creer que pretende recuperar a su familia. Es muy posible que terceras personas terminen creyéndole y facilitándole los datos para que pueda localizar la dirección. Esto es muy peligroso.

- En la escuela se debe explicar la situación a la dirección del centro para que solo las personas autorizadas puedan recoger a los niños. El colegio debe colaborar si lo ha dictaminado un juez. Es conveniente que esta solicitud se haga por escrito.

De la expareja:

- Nunca se debe aceptar hablar con el excompañero a solas. Si es necesario el encuentro, conviene tenerlo en el despacho del abogado.
- Hay que mantenerse alerta. Si vuelve a suceder, el ataque será más intenso.
- Si el agresor sorprende a la víctima, ésta debe alejarse cuanto antes; hay que evitar la agresión. No conviene esperar a que las cosas empeoren. Si es posible, conviene ir a un lugar seguro. El agresor sabe que el miedo de la víctima se concreta en sumisión y dependencia que la víctima no controla.
- Si se producen llamadas telefónicas con amenazas e insultos, lo más acertado es colgar. No perder energías en decir nada. Si se puede, conecta una grabadora al teléfono para registrar las llamadas. Comunicar la situación al abogado. Si se repite, solicitar una intervención telefónica, el abogado debe ponerlo en conocimiento del juez para que ponga fin a esas conductas intimidatorias. Toda limitación de su conducta abusiva le resta poder al agresor.
- Se puede exigir el alejamiento del agresor. Esto dará a la víctima unos márgenes de protección muy eficaces.

Con la familia:

- No conviene desalentarse por los familiares o amigos que se posicionen a favor del compañero. En muchas ocasiones es inevitable aunque pueda resultar sorprendente. Si ocurre, será doloroso y se vivirá como una traición. Puede que tengan miedo u otros intereses que les hagan guardar silencio o posicionarse así. Quizás no entiendan ni quieran entender lo que pasa. En ocasiones puede que quieran rehuir de un problema que les agobia, una situación que les desborda y no estén preparados para afrontarla, porque les cuestione muchos de sus comportamientos.

- No conviene perder tiempo ni energías intentando convencer a la familia política de que su hijo, hermano o pariente es un delincuente. Normalmente se volverán enemigos tan solo por no escuchar lo que no desean aceptar. Ellos mismos se sentirán culpables y perjudicados en muchos casos y eso les hará negar los hechos y apoyarlo. Es necesario aceptar esta realidad, aunque sea muy dura.

- Si la familia propia no brinda su apoyo no conviene agobiarse tratando de que cambien de actitud y comprendan las razones.

- Hay que examinar cuáles son los recursos reales con los que se cuenta, limitarse a ellos, sin ilusionarse ni tener falsas expectativas sobre familiares y amigos.

- Valorar y aprovechar el apoyo de las mujeres y profesionales que atienden a las víctimas, se preocupan y desean ayudar.

- Tener cuidado con la tendencia a depender y a dejarse manipular. Si la familia se ofrece a dar refugio, pueden sentirse con derecho a dar órdenes, a entrometerse en la educación de los hijos y la víctima puede reproducir comportamientos sumisos.

- Si el entorno de amigos y familiares quiere buscar al agresor para vengarse, etc., hay que frenarlos. Estas actuaciones solo generan más problemas y violencia. Es más eficaz la protección y la compañía que puedan brindar.

¿Adónde acudir a pedir ayuda?

Ante situaciones de violencia familiar, además de afrontarlo de manera puntual con ayuda de familiares cercanos o de la policía, tal y como se explica en otros apartados de este libro, es conveniente, cuando hemos restablecido la serenidad, pedir ayuda para resolver el problema definitivamente. Para ello podemos dirigirnos a los organismos gubernamentales como ministerios, consejerías regionales o ayuntamientos. En algunos países se han habilitado teléfonos gratuitos específicos para pedir protección (por ejemplo, en España el 016 o en EEUU el 911). De igual manera, algunos organismos internacionales como la ONU, la OEA o la Unión Europea tienen páginas Web de asistencia y orientación a las víctimas. Y también numerosas asociaciones y ONGs ofrecen información y auxilio a quienes se encuentran en situación de maltrato y quieren salir de ella.

¿Cómo prevenir el maltrato de género?

Prevención para ahora mismo.

Mejorar nuestra autoestima. La autoestima es la relación que mantenemos con nosotros mismos respecto a nuestra valía y cualidades personales. Somos seres únicos y tenemos los mismos derechos y responsabilidades que los demás:

- Derecho a realizar actividades que me gustan.
- Derecho a relacionarme con las personas a las que aprecio.
- Derecho a tomar mis decisiones.

Reconocer nuestro miedo. Lo mejor que podemos hacer con el miedo es reconocerlo, saber que sirve para avisarnos de un peligro antes de que algo malo ocurra. Debemos ser capaces de reconocer a qué tenemos miedo. Por ejemplo: *"Tengo miedo de que vuelva mi marido de trabajar", "Tengo miedo de decir a mi pareja que quiero visitar a mi hermana"*,...

Reconocer nuestra rabia. Debemos tener claro que experimentar una emoción no es ni bueno ni malo; lo bueno o lo malo será lo que haga como consecuencia de haber experimentado esa emoción.

Cuando sufrimos esta emoción es porque hemos soportado un ataque. Reprimir siempre la rabia produce daños. *"Me da rabia que abusen de mí, pero no lo digo, no lo evito".*

Reconocer nuestro dolor. El dolor tiene dos dimensiones, una física y otra psíquica. Procesar mal el dolor produce más dolor. No enfrentarse a las situaciones y seguir sufriendo dolor, lo hace permanente.

Saber decir no. Tenemos derecho a decir NO a todo aquello que signifique un abuso u opresión sobre nosotros. La incapacidad de decir NO desde el principio es la responsable del mantenimiento de muchas relaciones violentas. Está comprobado que si una mujer puede decir NO al primer signo de abuso en una relación de pareja, esto hace que la relación se acabe o que nunca se produzca el abuso.

Prevención para un futuro mejor.

Educar en igualdad a los más pequeños es el camino más seguro para evitar los comportamientos machistas y las ideas sexistas, que perpetúan la falsa creencia de superioridad del hombre sobre la mujer. La prevención y la educación son los principales instrumentos en la lucha contra los malos tratos.

Aún no existe una política global en torno del tema que integre simultáneamente acciones en los niveles legislativo, judicial, policial, de salud, de educación, de seguridad social, de empleo, etc.

Para prevenir la violencia de género es necesario emprender y continuar con **medidas** en los ámbitos educativo, legislativo y social.

Educación:

- **De los hijos** en un modelo más igualitario y justo que el patriarcal. Mujeres y hombres debemos ser:
  - Educados, corregidos o disciplinados con los mismos valores, como personas con igual capacidad de poder tomar nuestras propias decisiones y determinaciones.
  - Educados por igual en el reconocimiento y manejo de las emociones y los sentimientos, en las facetas públicas y privadas.

- **De los jóvenes** en la autonomía y la convivencia afectivo-sexual equilibrada y no dependiente de la dominación de otro.
  - La convivencia en pareja o el matrimonio no debe ser una cruz, ni una carga divina. Debe ser una decisión libre de unión, basada en el amor, respeto y crecimiento personal.
  - El matrimonio debe ser una unión libre entre dos personas, no un sistema de jerarquías.
  - La maternidad debe ser una elección y nunca un mandato u obligación social, o un medio para retener a la pareja a nuestro lado.

- **De toda la sociedad,** mostrando el camino de los buenos tratos como pauta universal de relación entre los seres humanos y con la naturaleza.
  - Proporcionar modelos alternativos de funcionamiento familiar, más democráticos y menos autoritarios, desmontando los mitos y estereotipos culturales que sustentan la violencia.

- En una relación equitativa y horizontal no hay jefaturas, ni estructuras de poder en la toma de decisiones.
- La sociedad debe corregir las desigualdades, puesto que la violencia no es un fenómeno biológico, sino una cuestión social, que se reproduce ideológicamente a partir de procesos de socialización y se aprende en la práctica cotidiana.
- Las sociedades deben respetar la diversidad en la conformación y estructura de las familias, pues no existe un modelo único e ideal.

Legislativo:

- Alentar la existencia de una legislación adecuada y específica que haga frente a la violencia de género.
- Endurecer el castigo a los agresores y proteger a las víctimas para disuadir del uso de la violencia.

Social:

- Trasladar el problema a la sociedad por los medios masivos de comunicación.
- Facilitar que las víctimas de estas agresiones dejen de serlo y puedan comenzar una nueva vida alejadas de sus torturadores.
- Realizar campañas de sensibilización de la población y programas de reeducación de los agresores.

La red está llena de buenos propósitos, este es un ejemplo claro de ello:(www.porlosbuenostratos.org). "I LOVE CON BUENOS TRATOS cuando:

- Trato con igualdad a mi pareja. Sin imposiciones, sin sometimientos. Respetando su autonomía personal.
- Acuerdo y negocio. Pacto con mi pareja qué queremos y qué no queremos en nuestra relación. Siempre

desde el respeto hacia al otra persona y la libertad para decidir.

- Cuido a las personas que quiero y me cuido.
- Pongo límites porque en el amor no vale todo.
- Afronto los conflictos de manera pacífica.

¿Y los agresores?

La premisa de la que parten los psicólogos y expertos que trabajan con hombres maltratadores es que la violencia tiene cura, están convencidos de que la rehabilitación del agresor no solo es posible en muchos casos, sino necesaria para poder romper el ciclo de la violencia -ya sea física o psicológica- y evitar su reincidencia.

El éxito de la rehabilitación se basa en dos premisas: que el maltratador tenga conciencia de serlo y que tenga una motivación para cambiar. Son condiciones necesarias, pero no suficientes, porque el proceso de "desintoxicación mental" puede ser bastante largo y necesita la ayuda de expertos.

Si se dan esas dos condiciones será necesario evaluar si es conveniente acordar una separación temporal o definitiva de la víctima mientras se produce el proceso de reeducación voluntaria, ya que no debería condicionarse al intento, sino al logro del cambio en la mentalidad del agresor.

Algunas comunidades, a través de los servicios sociales o de salud, ofrecen ayuda a los maltratadores con propósito de enmienda. Lo mejor es consultar al médico de atención primaria. También algunas comunidades que mantienen órganos de mediación familiar y algunas asociaciones de lucha contra la violencia de género ofrecen orientación en este sentido.

VI. Violencia y maltrato contra los hijos

Cuando hablamos de hijos nos referimos a los niños y niñas que conviven en el hogar con los adultos que ejercen la paternidad y el cuidado.

La Convención de los Derechos de los Niños de Naciones Unidas define el **maltrato infantil** como: "toda violencia, perjuicio o abuso físico o mental, descuido o trato negligente, malos tratos o explotación, mientras que el niño se encuentra bajo la custodia de sus padres, de un tutor o de cualquiera otra persona que lo tenga a su cargo".

A su vez, en el Convenio de Naciones Unidas sobre los Derechos del Niño se utiliza el término "responsabilidad de los padres", no "autoridad de los padres". Y las **responsabilidades de los padres** se definen como "el conjunto de los poderes y deberes que tienen por objeto, en general, garantizar el bienestar moral y material del hijo y, en particular, velar por su persona, mantener relaciones personales con él, ocuparse con solicitud de su educación y su sustento, ejercer su representación legal y administrar sus bienes". Parece claro que quienes redactaron este documento querían combatir la idea muy extendida en muchas culturas de los hijos como posesión y dominio de los padres.

En el apartado en que tratamos sobre la convivencia hablé de la otredad como la conceptualización que hacemos de "los otros". De nuevo tenemos que referirnos a las creencias que pueblan nuestras mentes conformando mentalidades. Dependiendo de cómo veamos a los hijos, que también son "otros", así nos relacionaremos con ellos. Si para nosotros son el fruto deseado de nuestro amor y consideramos que son seres humanos independientes a los que queremos cuidar, educar y procurar su desarrollo para que sean personas autónomas y felices, actuaremos en consecuencia.

Si para nosotros, en lo más profundo son un estorbo, o un rival, o una dificultad, o una decepción, o una carga, o una posesión, o mano de obra a nuestro servicio…, también actuaremos en consecuencia.

Las causas de la violencia y el maltrato hacia los hijos hay que buscarlas en nuestras mentalidades. Aunque en muchas ocasiones, no pudiendo digerir tanta iniquidad, tengamos que explicarla como el fruto de la enfermedad mental o de la perversión maligna de los adultos.

Los niños maltratados son víctimas porque son física y psicológicamente inferiores y porque no pueden escapar al depender su supervivencia de la voluntad de sus padres. Nuevamente la privacidad de los hogares y la intimidad familiar son la coartada perfecta para mantener durante periodos prolongados el silencio aterrorizado de los niños maltratados.

> *"De hecho los seres humanos tenemos mayor probabilidad de ser asaltados, maltratados o torturados física o mentalmente en nuestro propio hogar, a manos de alguien supuestamente querido, que en ningún otro lugar. Esto no nos debe extrañar, pues una de nuestras mayores pasiones es la de dominar y controlar totalmente a otros".* Luis Rojas Marcos, 2008.

Es frecuente que los abusos y maltratos recibidos en muchas ocasiones solo sean contados por las víctimas cuando han transcurrido muchos años desde que dejaron de ser niños.

Causas del maltrato a los hijos

Hasta ahora, para explicar las causas del maltrato infantil en la familia se han seguido varios modelos explicativos:

- El primer **modelo** fue **el psiquiátrico/psicológico,** que explicaba el origen del maltrato en la enfermedad mental del agresor o en secuelas psicológicas en muchas ocasiones causadas por los malos tratos recibidos por el agresor en su infancia.

- El **modelo sociológico** describe una estrecha relación entre el maltrato y el estrés socioeconómico al encontrar mayor incidencia del maltrato a los hijos en las familias de las clases sociales más empobrecidas y también considera los valores y las prácticas culturales que justifican el uso de la violencia como práctica educativa al reproducirse los modelos de crianza por imitación y transmisión generacional. Centra su análisis en dos contextos: el macrosocial (la sociedad) y el microsocial (la familia).

  Respecto a la mayor incidencia de los malos tratos en las clases sociales más empobrecidas cabe la duda de que simplemente estos casos sean más visibles porque acuden con mayor frecuencia a los servicios sociales y a los centros hospitalarios públicos.

- **El modelo centrado en las particularidades y la vulnerabilidad del niño** explica la violencia descendente por las necesidades no satisfechas de aquellos niños que presentan particularidades evidentes como se da en los niños hiperactivos, niños con inapetencia extrema, con insomnio, con dificultades de relación, niños respondones, irritables, díscolos…; problemas que los padres en muchas ocasiones no saben cómo afrontar sin utilizar la violencia física.

• **El modelo ecológico-ecosistémico** explica que el maltrato se produce en un proceso de interacción de los diferentes niveles ecológicos (individual, familiar y ambiental). Las condiciones ambientales más las características del cuidador y del niño pueden producir situaciones de maltrato. El maltrato sería una disfunción en el sistema relacional "padres – niño – ambiente". El maltrato, por tanto, para este modelo teórico, debe ser estudiado desde una perspectiva multicausal.

Profundicemos siguiendo este último modelo teórico en busca de respuestas a la pregunta: ¿por qué algunos padres maltratan a sus hijos?

Debemos detenernos a estudiar el nivel ecológico ambiental, estudiar las características personales de los cuidadores y también las características del niño. Pongámonos manos a la obra.

¿Por qué algunos padres maltratan a sus hijos?

Si nos centramos en primer lugar en la dimensión ambiental, nos viene muy bien volver la vista a lo que decía Galtung sobre la violencia estructural.

Los niños aterrizan en un mundo en el que está instaurado algún grado de violencia estructural en forma de injusticia social (el hambre, la falta de oportunidades, el injusto reparto de la riqueza, las dificultades de acceso a la sanidad, a la educación, la pobreza, la miseria, etc.) Se trata, como ya hemos visto, de una forma invisible de violencia que afecta a los niños y al resto de los seres humanos en mayor o menor grado, dependiendo del momento, del lugar y de la familia en la que nacen.

Recordamos también que, siguiendo a Galtung, la violencia cultural (también invisible) ejerce como un poderoso marco modelador del pensamiento y justificativo de la violencia estructural que lo legitima. La cultura que legitima creencias del modelo patriarcal que concibe a los hijos como objetos de dominio y subordinación de la autoridad absoluta de los padres, que tienen capacidad total para decidir sobre la vida de sus descendientes y exige a los hijos respeto, lealtad y obediencia incondicionales hacia los progenitores sean como sean éstos y hagan lo que hagan. Esta mentalidad explica que durante siglos, en muchas civilizaciones se haya practicado el infanticidio y el abandono cuando los hijos pequeños suponían una carga, una mancha o un estorbo y que la violencia física contra los menores haya sido naturalizada como un modo de educación aceptable.

Cuando observemos la familia a la que pertenece el niño, tendremos que tomar en consideración su estructura, su historia anterior, la calidad de la convivencia, el momento en que se encuentra cuando llega el nuevo miembro, su nivel cultural, su salud, su economía, su pensamiento, ... "sus circunstancias", a las que se refería el filósofo Ortega y Gasset.

Ya hemos hablado de la importancia que puede tener que los padres hayan sido maltratados en su infancia. La trascendencia que puede tener el hecho de ser adicto al consumo de drogas, de ansiolíticos, de antidepresivos, de alcohol o al juego. El estilo educativo autoritario o negligente, las redes de apoyo social con las que cuentan, su capacidad para controlar el estrés...

Y al centrarnos en el niño también debemos conocer cuáles son sus características, pues es evidente que no resulta igual de fácil convivir con un niño tranquilo que con un niño hiperactivo, ni es igual de cómodo cuidar a un niño sano que a uno enfermo.

El modelo ecológico es quizá el más completo con el que podemos contar hasta ahora, y nos permite elaborar un mapa de indicadores que pueden servir incluso para predecir cuándo existe peligro de maltrato.

El hecho de explicarnos el origen de la violencia y del maltrato contra los hijos no puede servir para justificarlo, sino al contrario, para combatirlo y sobre todo, para prevenirlo y proteger a las víctimas antes de que lleguen a serlo.

¿Quién maltrata a sus hijos?

A pesar de la condena social y de la legislación contra la violencia familiar, aún se tiende a diferenciar entre grados o niveles aceptables de violencia familiar y grados inaceptables. Hay padres que pegan un azote a su hijo de forma esporádica como método de corrección, más como una liberación de la tensión que se produce en los conflictos cotidianos y manifiestan que denunciarían a quien maltratase a un niño. Se distinguen de aquellos que utilizan la violencia física o psicológica de forma sistemática y como patrón estable. Unos y otros probablemente han sido educados de esa misma forma en su niñez y tienden a reproducir los modelos vividos. Pervive erróneamente una asociación entre las ideas de autoridad y de violencia que ha permitido legitimar el uso de ésta como pauta correcta de autoridad.

Aunque en un principio el perfil del padre maltratador se atribuyó exclusivamente a personas con desequilibrios psíquicos y/o pertenecientes a contextos socio-económicos deprimidos, lo cierto es que la violencia, el maltrato y la explotación de los hijos por sus padres no entienden de fronteras ni de clases sociales. El denominador común de los maltratadores suele ser su incapacidad para experimentar empatía, eso les impide comprender el sufrimiento, las limitaciones y la dependencia de los menores. En la mayoría de los casos estos padres violentos fueron víctimas de abusos o de abandono en su infancia, lo que nos remitiría a una espiral sin fin. Sin embargo no podemos afirmar que los padres que han padecido cualquiera de las circunstancias anteriores deba ser inexorablemente maltratador. Se trata más bien de un cálculo de probabilidades.

El Informe del Centro Reina Sofía de 2011, sobre Maltrato Infantil en la Familia en España, hace un análisis de los **factores de riesgo:**

Individuales del agresor. Tienen mayor riesgo de ser agresores los padres que tienen alguna de estas características (ausencia de empatía, hiperactividad, impulsividad, muy vulnerables al estrés, con expectativas inapropiadas respecto a su hijo, uso de técnicas autoritarias, dependencia de consumo de sustancias tóxicas o alcohol, padres muy jóvenes con paternidad involuntaria).

Individuales de la víctima. Tienen mayor riesgo de padecer maltrato los niños con hiperactividad, los que padecen trastornos psicológicos como el autismo y otros, los no deseados, los que padecen enfermedades crónicas o discapacidad (física, intelectual o sensorial).

Factores de riesgo familiares. Tienen mayor riesgo de maltratar a sus hijos las familias que presentan violencia en la pareja, las que tienen estilos educativos inconsistentes, negligentes o muy autoritarios y los que albergan expectativas poco realistas sobre sus hijos.

Factores de riesgo socioculturales. Tienen mayor riesgo de maltratar a sus hijos las familias sin redes sociales de apoyo, con inestabilidad laboral, con bajo nivel educativo, con precariedad en la vivienda o con precariedad económica.

¿Cómo sufren el maltrato los niños?

Todos los niños no sufren igual ante el maltrato. Hay niños que tienen una capacidad que parece que les hace invulnerables, a la que llamamos "resiliencia", que es la capacidad de resistir y reparar el daño psicológico que puede provocar un entorno hostil y dañino. Esta cualidad les hace crecer sin problemas de desarrollo a pesar de haber sufrido situaciones graves de maltrato que a otros niños les han producido consecuencias psicológicas, emocionales y sociales perdurables.

No hace mucho tiempo recibí en mi despacho una llamada de una persona que se identificó como un antiguo alumno que estaba intentando recabar alguna certificación de los estudios que había realizado durante su estancia en el centro hacía ya más de veinte años. Tarea difícil porque en este tiempo transcurrido el centro educativo había cambiado varias veces de titularidad, de ubicación, de estructura y hasta de nombre; pero por suerte, quienes nos habíamos hecho cargo del mismo en esta última etapa habíamos tenido sumo cuidado en localizar y recopilar los archivos de documentos académicos que no habían sido recogidos por sus titulares.

La persona que me llamaba me dio sus datos y me explicó que necesitaba la documentación para poder aspirar a un puesto mejor dentro de su empresa. Me contó que a él le había entregado a la institución su propio padre porque no se hacía cargo de su cuidado (en aquella época el centro tenía asignada la doble función de reformatorio y de protección o recogida de niños abandonados por sus familias). A pesar de todo el sufrimiento, mantenía buenos recuerdos del centro y de los profesores y educadores, y estaba agradecido. Ahora vivía en las Islas Canarias, tenía hijos ya adolescentes y su obsesión había sido que sus hijos no sufriesen nada parecido. A los dieciocho años se había ido de Madrid a vivir a Tenerife, donde había encontrado a alguien de su familia extensa. Afortunadamente tuvimos la satisfacción de encontrar los documentos que precisaba y se los enviamos muy satisfechos por saber de alguien que, a pesar de las duras condiciones de su infancia, las había superado. Eso es la resiliencia.

Seguramente le salvó gozar de buena salud mental y física, tener una inteligencia alta, tener buena autoestima, y encontrar en el centro alguna relación positiva que le ayudase a mantener unos valores y la esperanza en el futuro necesarios para no hundirse.

Desgraciadamente la mayoría de los niños maltratados sufre secuelas más o menos importantes en función de:

- Sus propias características personales.
- Del tipo y persistencia del maltrato.
- De poder contar o no con alguna figura de apego.

Manifestaciones de la violencia contra los hijos

Las tipologías del maltrato de padres a hijos especifican la forma en que éste se ejerce. En los casos más graves las víctimas sufren varios tipos de agresión de forma habitual, si bien es cierto que las conductas extremas de maltrato no aparecen de repente, vienen de atrás y se van agravando.

Maltrato físico. Acción no accidental de algún adulto que provoca daño físico o enfermedad en el niño, o que le coloca en grave riesgo de padecerlo.

Los indicadores típicos son magulladuras o moratones en distintas partes del cuerpo, las quemaduras con formas definidas, las fracturas de nariz o mandíbula, de los huesos largos, mordeduras, pinchazos, cortes, síntomas de asfixia, intoxicaciones recurrentes por tóxicos desconocidos... La literatura médica recoge diversos cuadros clínicos observados en bebés, como el "síndrome del niño apaleado" o el "síndrome del niño agitado", que es un daño cerebral traumático grave causado por un adulto frustrado y fuera de control que sacude o agita violentamente a un niño, generalmente menor de un año, que no para de llorar.

Maltrato psicológico y abandono emocional. Hostilidad verbal continuada en forma de insultos, amenazas, humillaciones, desprecios, burlas, críticas, aislamiento, encierro, falta de afecto, de estimulación, de apoyo y protección necesarios en cada fase de su evolución, que inhibe su desarrollo óptimo o que puede causar deterioro en el desarrollo emocional, social o intelectual del niño.

Los padres o cuidadores no dan respuesta a las expresiones emocionales del niño, como el llanto, la sonrisa o sus intentos de aproximación. Le desprecian, le ridiculizan cuando muestra sus emociones, le colocan en situación de riesgo para su integridad con el fin de aterrorizarlo, le impiden interactuar con otros niños, le niegan o retrasan la atención psicológica especializada aunque sea evidente que la necesita...

Los indicadores más frecuentes se relacionan con la extrema desconfianza en sí mismo, la agresividad o la pasividad frente a otros niños, las demandas de atención exageradas, los intentos de suicidio, el excesivo afán de notoriedad o de competitividad, conductas demasiado infantiles como mecerse constantemente o chuparse el dedo pulgar, la falta de control de la orina por las noches...

Abuso sexual. También se denomina pederastia y pedofilia. Es cualquier clase de placer sexual con un niño, por parte de un adulto, desde una posición de poder o autoridad. Puede existir contacto físico o puede utilizarse al niño como objeto de estimulación sexual. Supone una interferencia en el desarrollo evolutivo del niño y puede dejar unas secuelas que no siempre remiten con el paso del tiempo.

Se llama incesto cuando el contacto sexual se realiza por parte de una persona de consanguinidad lineal o por quien ejerce el papel de padre o madre.

Los indicadores más frecuentes pueden ser físicos: como infecciones genitales y urinarias, enfermedades de transmisión sexual, dolores abdominales o pélvicos, regresión y falta de control de esfínteres cuando ya se habían controlado, trastornos alimenticios, embarazo. Y también pueden ser conductuales y emocionales: consumo de drogas, aislamiento, aparición de temores repentinos e infundados ante la presencia de alguien, resistencia a regresar a casa, hostilidad y agresividad no explicable, desconfianza hacia los adultos, o sentimiento de culpa y de vergüenza…

Abandono y negligencia física o cognitiva. Falta de atención temporal o permanente, por parte de los padres o cuidadores, de las necesidades físicas y cognitivas básicas del niño como la alimentación, la higiene, el vestido, el cuidado médico, educación, seguridad, estimulación de su desarrollo cognitivo, supervisión, etc.

Se trata de todas aquellas omisiones que impiden o retrasan el desarrollo y el bienestar del niño.

Los indicadores típicos pueden ser el mal aspecto físico por falta de higiene o por utilizar una vestimenta inapropiada para la estación del año, o sucia y rota, padecer frecuentes accidentes domésticos por quemaduras en la cocina, intoxicaciones por tener a su alcance sustancias peligrosas, absentismo escolar, presentar heridas mal curadas o infectadas, pasar mucho tiempo solo o acompañado por otros chicos mayores sin control de personas responsables, formar parte de pandillas callejeras que hacen pequeñas fechorías y pueden iniciarse en la delincuencia...

Síndromes y formas combinadas de maltrato:

- **El Síndrome de Münchhausen por poderes:** es un cuadro de maltrato por la que un adulto, generalmente la madre, simula o "fabrica" los síntomas de una enfermedad en un niño, con objeto de ganar la atención y empatía de la sociedad. El adulto puede llegar a administrar al niño medicamentos o sustancias no prescritas para provocar síntomas de enfermedad en el niño, y así promover y solicitar nuevas pruebas diagnósticas, lleva a su hijo a varios médicos para contrastar opiniones,.... En un elevado número de casos puede llegar a producir la muerte del niño.

- **Corrupción de menores:** es una la utilización de menores para ganar dinero mediante la prostitución, la pornografía u otras actividades delictivas.

- **Alienación parental:** es una forma de maltrato psicológico por el cual el padre o la madre manipula o dirige los sentimientos del hijo para que tome partido afectivo hacia ese progenitor y únicamente hacia él. Se trata de una forma diferida de venganza contra la pareja o la expareja que, al no poder hacer daño moral directo al otro progenitor, lo realiza a través de sus hijos, con lo cual ambos resultan damnificados, el padre rechazado y los hijos.

  En situaciones de divorcio o separación, el padre o la madre alienador induce a los hijos a que piensen que la separación o el divorcio ha sido hacia ellos. Que el otro les ha traicionado porque "ya no les quiere". En realidad se produce un cambio de roles: el aparente traidor es en realidad el traicionado, pues se ve separado de sus hijos, y la aparente víctima es en realidad el agresor, pues justifica su agresión por el daño recibido.

- **Explotación laboral de menores:** es la utilización de los hijos como mano de obra con ánimo de obtención de beneficio económico o de servicio, impidiendo o dificultando a la vez su escolarización e impidiendo o dificultando su relación con otros niños de su edad. Podríamos incluir en este apartado a los niños a quienes sus padres utilizan para mendigar, a los niños con talento para la música, para el cine o teatro, para el deporte, etc., cuyos padres les obligan contra su voluntad a seguir entrenando o practicando exhaustivamente para, por ejemplo, presentarles a casting de selección de jóvenes prodigios; lo que frecuentemente termina siendo un verdadero calvario para algunos niños y una fuente de frustración perdurable, pues solo una mínima parte de los aspirantes logra alcanzar su meta. En muchas ocasiones los padres pueden estar utilizando a sus hijos para lograr metas que les habría gustado alcanzar a ellos mismos.

"Cuando a los niños les resulta imposible evitar la explotación por parte de los adultos, no tienen otra salida que inventarse unas explicaciones que les sirvan para justificarlo. Casi siempre en las explicaciones fabricadas se culpabilizan a sí mismos por ser malos de forma innata y, por tanto, merecerlo, como ocurre muy frecuentemente con las mujeres maltratadas". L. Rojas Marcos, 2008.

Consecuencias del maltrato en los niños

El maltrato puede producir consecuencias físicas, psicológicas, cognitivas y sociales perdurables. Cuando se dan casos de maltrato físico y psicológico conjuntamente no hay necesariamente correlación entre la gravedad de una y otra forma de maltrato. La violencia física, si no es irreparable, se cura. Sin embargo las secuelas psíquicas perduran y pueden interferir en el desarrollo infantil de forma decisiva y permanente. Según el estudio del Centro Reina Sofía de 2011, para poder evaluar las consecuencias para las víctimas tendremos que conocer al menos:

- El tipo de maltrato sufrido.
- Su gravedad.
- Su frecuencia.
- La edad del niño.
- Sus características.
- Si existen figuras de apoyo a las que recurrir para proteger al niño y ayudarle a recuperarse.

No es lo mismo recibir un desprecio verbal a los cinco años que a los dieciséis, ni es lo mismo recibir un azote ante una desobediencia que le ha puesto al niño en riesgo de ser atropellado por un vehículo al cruzar una calle, que ser víctima de quemaduras de cigarrillo como respuesta iracunda de un adulto por la frustración que le produce que haya perdido un encuentro su equipo de fútbol preferido.

Consecuencias psicológicas

Consecuencias emocionales y cognitivas.

- Se puede ver perturbado el proceso de formación del vínculo de apego en el niño pequeño.
- Es probable que se vea dificultado el desarrollo de la capacidad de regular las emociones. Ante la frustra-

ción, las respuestas de los niños maltratados pueden ser más extremas de lo normal, dirigiéndose contra sí mismos mediante la vergüenza o culpa, o bien contra los demás por medio de la violencia física o verbal.

- Autoconcepto negativo.
- Dificultad para experimentar empatía (ser consciente de lo que sienten los demás).
- Desconfianza hacia las intenciones de los demás. Siempre piensan mal.
- Temor y vigilancia hacia las posibles amenazas.
- Hostilidad y violencia.

Consecuencias conductuales y sociales.

Los niños que han sufrido maltrato físico y los que lo presencian en sus padres se muestran más agresivos con otros niños de su edad y tienen tendencia a relacionarse con otros niños violentos.

Los que han padecido maltrato psicológico suelen aislarse del resto de iguales, pueden tener peor rendimiento académico y pueden a su vez ser víctimas o causantes de abuso de sus iguales (bulying).

Los niños que han sufrido abuso sexual suelen expresar rechazo hacia la madre, un comportamiento sexual inadecuado y desarrollar conductas antisociales.

Los niños víctimas de negligencia suelen ser más retraídos y evitan relacionarse con sus iguales. Se aíslan, no juegan con otros niños y rara vez muestran signos de cariño. Cuando se hacen mayores suelen tener pautas contradictorias en sus relaciones sociales, unas veces se comportan como agresores y otras como víctimas.

Sin duda una de las consecuencias más preocupantes es la transmisión intergeneracional de la violencia. Se cree que al menos un tercio de los niños maltratados reproduce las situaciones de las que ha sido víctima. Esto nos debe preocupar, pero no puede extrañarnos, pues ya sabemos que el ser humano aprende más por la práctica que desde la teoría. Si un niño crece padeciendo el abuso y la violencia como instrumento relacional y de poder, ¿cómo vamos a esperar que no aprenda a utilizarlo? Puede incluso que no conozca otra pauta.

Mi experiencia laboral con chicos y chicas con problemas con la justicia me permite comprobar diariamente que existe una clara correlación entre el maltrato y el abandono infantil, y la violencia y la delincuencia. Tendría que avergonzar a toda la sociedad nuestra incapacidad para impedir que la inmensa mayoría de niños tutelados por las instituciones públicas por haber sido abandonados o por haber quedado huérfanos termine imputado por delitos cometidos cuando son menores.

Consecuencias físicas

Conocemos estudios recientes (Flaherty et al.; Felitti, Springer, Sheridan, Kuo & Carnes) que demuestran que existe una relación directa entre algunos tipos de abuso de menores y la mala salud. Estos estudios apuntan que los adultos que fueron víctimas de abuso o negligencia durante la infancia tienen más probabilidades de padecer problemas físicos como la artritis, asma, bronquitis, hipertensión arterial, úlceras y alergias.

Cuando estaba repasando las consecuencias del maltrato en las víctimas me ha venido a la memoria el caso de dos alumnos que tuve hace tiempo, y que siempre temí que en el futuro probablemente serían maltratadores de sus parejas y de sus hijos. Ojalá me haya equivocado. Octavio Restón (nombre supuesto) era el menor de dos hermanos que acudían a mi colegio y que vivían con su padre y con su abuela paterna. Los dos hermanos, pero sobre todo Octavio, se mostraban reservados, tristes, pasivos, huraños, reactivos con la mirada; como esperando una afrenta para reaccionar violentamente contra quien fuese. Con los profesores, sumisos, humillados si era preciso. Frente a las profesoras y las niñas de su aula, según iban creciendo iban mostrando cada vez mayor aversión y desprecio.

Aunque Octavio no presentaba ningún problema de aprendizaje, su rendimiento en clase no era satisfactorio, no estaba motivado por las tareas escolares. Su interés se centraba más en desarrollar y demostrar suficiente fuerza física y sobre todo, en no mostrar debilidad y en parecer insensible al dolor físico.

El padre de los hermanos Restón ahogaba sus penas todas las tardes en la taberna, desde donde veía jugar a sus hijos en la calle y donde frecuentemente les daba algo para cenar.

La abuela, muy mayor, se encargaba del cuidado de su hijo y de sus nietos. Se mostraba muy fatigada y expresaba su malestar por la pesada carga que le había tocado soportar. Mantenía una narración permanente contra la madre de sus nietos, que se había ido y se los había dejado. Esa narración recurrente y permanente se extendía contra la condición femenina en su conjunto, y sus nietos mamaron el relato durante toda su niñez.

El de la narración es un aspecto quizá poco estudiado y, sin embargo creo que muy trascendente a la hora de conformar las mentalidades e incluso las identidades de los niños. Parece que aprendemos a ser quienes somos a partir de los relatos familiares.

Cómo afrontar el maltrato infantil

La cuestión de cómo actuar frente al maltrato requiere una reflexión profunda y sosegada. La forma de enfrentarse a este problema dependerá de cuál sea nuestra situación respecto a las víctimas y a los maltratadores y dependerá también de la gravedad del maltrato ante el cual nos encontremos. Pero una cosa es querer hacerlo bien, por lo que hay que ser prudente, y otra distinta es inhibirse, algo que no podemos permitirnos. Ante una situación de peligro para la integridad del menor nuestro deber ciudadano es evitarlo.

La mayoría de los estados americanos y europeos tienen leyes específicas de protección de los menores, sirvan de ejemplo la española y la mexicana:

• Ley Orgánica 1/1996, de 15 de enero, de Protección Jurídica del Menor. España:

"Artículo 12. Actuaciones de protección.

1. Toda persona o autoridad, y especialmente aquellos que por su profesión o función, detecten una situación de riesgo o posible desamparo de un menor, lo comunicarán a la autoridad o sus agentes más próximos, sin perjuicio de prestarle el auxilio inmediato que precise.

2. Cualquier persona o autoridad que tenga conocimiento de que un menor no está escolarizado o no asiste al centro escolar de forma habitual y sin justificación, durante el período obligatorio, deberá ponerlo en conocimiento de las autoridades públicas competentes, que adoptarán las medidas necesarias para su escolarización."

• Ley para la Protección de los Derechos de las Niñas, Niños y Adolescentes del Estado de México:

"Artículo 6.- "Las autoridades estatales, municipales, instituciones de asistencia pública o privada y cualquier persona que tenga conocimiento de alguna niña, niño o adolescente que se encuentre en condiciones de vulnerabilidad o desventaja social, considerándose como tales el maltrato, abandono, abuso y explotación de todo tipo, y en los supuestos de sustracción o su suplantación ilegal de la tutela, deberá solicitar la intervención de las autoridades competentes".

Como vemos estas leyes hacen responsable a cualquier ciudadano que tenga conocimiento de la situación de desamparo y vulnerabilidad de un menor.

¿Adónde acudir?

Cuando nos vemos en la necesidad de pedir ayuda para denunciar el maltrato de un menor, salvo que la situación sea tan grave y urgente que haya que llamar a la policía, debemos acudir y pedir ayuda a los servicios médicos, a los servicios sociales o al centro educativo, ya que estas instituciones tendrán establecidos protocolos para la detección y la canalización de los casos de maltrato y pueden emitir informes que sirvan al juez o al fiscal de menores para adoptar las decisiones oportunas.

En el ámbito de la sanidad, sobre todo los profesionales que trabajan en los servicios de urgencias de los hospitales, han desarrollado una serie de instrumentos de detección y protocolos de actuación ante los casos de malos tratos en niños. Se detectan principalmente las evidencias físicas, pero cada día se cuenta con mejores y más completos procedimientos de detección y de acción. Cuando hay evidencia de lesiones físicas en un menor y las mismas pueden haber sido causadas por una acción violenta intencional, el médico está obligado a emitir un parte judicial de lesiones. Por otro lado, cuando hay sospecha de malos tratos sufridos por un paciente en el servicio de urgencias se cumplimenta un documento de notificación de riesgo y maltrato por el cual se pone en conocimiento de la entidad pública responsable de la protección de los menores la posible existencia de malos tratos.

Ejemplo de protocolo establecido por un hospital:

Actuaciones ante la sospecha de maltrato infantil.

1) Debe encargarse del caso un médico de plantilla.

2) Anamnesis y exploración médicas precisas.

3) Hacer Parte Judicial con la descripción de las lesiones.

4) Cumplimentar la Hoja de Notificación de Riesgo y Maltrato Infantil (confidencial).

5) Ponerse en contacto con los Trabajadores Sociales.

6) Registrar con quién acude el menor.

7) Prestar especial atención a la primera versión aportada sobre los acontecimientos.

Si los médicos valorasen que no es necesario el ingreso hospitalario del niño, pero hay sospecha de malos tratos, además de notificarlo por medio del parte judicial, el trabajador social del hospital o ambulatorio debe comunicárselo a los servicios sociales de su demarcación.

Si, por el contrario, los médicos estimasen necesario el ingreso hospitalario del niño y los padres se negasen al mismo habría que ponerlo en conocimiento del juzgado de guardia y seguir sus instrucciones.

En España, en los casos extremos en los que es necesaria la intervención de la policía, lo hace el Grupo de Menores de la policía judicial (GRUME) o de la Guardia Civil (ENUME).

El parte judicial de lesiones es un modelo único para que los médicos notifiquen al juez las lesiones de los pacientes que presentan cualquier tipo de daño compatible con accidentes, enfrentamientos violentos, agresiones, etc.

La hoja de notificación de riesgo y maltrato infantil en el ámbito sanitario recoge las observaciones de los facultativos por las que se sospecha que puede haber maltrato o riesgo del mismo. Las observaciones se trasladan a la institución pública responsable de la protección de la infancia.

Esta hoja gradúa la evaluación de los daños según su gravedad y establece criterios de observación por tipos de maltrato. Por ejemplo en el apartado de maltrato físico, se incluyen: magulladuras, quemaduras, fracturas, heridas, mordeduras, ...

En el ámbito de los servicios sociales se conocen las situaciones de riesgo de la población infantil de su zona y se establecen planes de prevención dirigidos a la misma. Se colabora con otros servicios municipales y educativos para prevenir y combatir el absentismo escolar.

En los casos más graves, se traslada la información a la entidad pública que vela por la protección de los derechos de los menores y a la fiscalía para, en su caso, en el seno de la comisión de tutela, decidir sobre el traslado del niño a un centro de acogida o a un régimen de acogimiento familiar, y adopción de medidas de protección (tutela, guarda).

Aclaremos algunos conceptos sobre las figuras de protección a los menores:

Patria potestad: derecho jurídico y biológico que poseen los padres sobre los hijos menores (si se retira, se puede dar el niño en adopción). Comprende la guarda y la tutela.

Tutela: derechos legales sobre el niño.

Guarda y custodia: cuidados del niño.

Acogimiento: retirada temporal del niño de su domicilio en un Centro de acogida o en una familia diferente a la propia, aunque también puede estar con otros parientes.

En el ámbito de los centros educativos, el profesorado, y especialmente el tutor, se encuentran en una posición privilegiada para detectar situaciones de riesgo, por la relación estrecha con sus alumnos, lo que le permite conocer y observar a cada uno de ellos, así como las relaciones que desarrollan.

La actuación del profesor si observa alguna conducta que le hace pensar que un alumno necesita protección, debe ser:

- Comunicarlo al tutor, si lo ha detectado otro profesional.
- Observar sistemáticamente al alumno en diferentes espacios y momentos: recreo, clase, interacciones con otros adultos y niños y en los contactos con la familia.
- Obtener información a través de otros profesores o profesionales que conozcan al menor, a través de una entrevista a la familia y, en su caso entrevista con el niño o adolescente.
- Informar al equipo directivo del centro.
- Acordar, si es posible, algunas actuaciones conjuntas que puedan llevar a mejorar la situación del alumno. En ocasiones una orientación a la familia puede detener el problema.
- Si se considera necesario, acudir a servicios de apoyo especializados como el Equipo de Orientación

Educativa y Psicopedagógica o el Departamento de Orientación.

- Si fuese necesario intervenir en el ámbito familiar, se notificará a los Servicios Sociales.
- Si la situación detectada se valorara de alto riesgo para el menor, grave y urgente, se derivará inmediatamente a Servicios Sanitarios (si se trata de un daño físico), Servicios Sociales, Comisión de Tutela o Policía.

La notificación es una obligación legal y profesional y una condición necesaria para posibilitar la intervención en casos de maltrato infantil.

La fundación ANAR (Ayuda a Niños y Adolescentes en Riesgo) tiene presencia en España, Colombia, Perú y México. Ofrece un número de teléfono de ayuda par los menores de 18 años: (España 900202010, México. 01800911119) y para adultos que precisen orientación: 917260101. Su web es: http://www.anar.org/

En el ámbito de la policía. El Grupo de Menores de la Policía Nacional o el de la Guardia Civil se encarga de las actuaciones cuando hay menores en situaciones delictivas o de riesgo social.

Cómo prevenir el maltrato infantil

Siguiendo el modelo teórico que nos sirvió para analizar las causas del maltrato podemos también reconocer las formas de prevenirlo desde los diferentes niveles ecológicos (ambiental, familiar, individual).

En el primero de los niveles es necesario luchar por la desaparición de los altos índices de violencia **estructural** que adoptan la forma de desigualdad social, de pobreza, de injusticia, de desempleo, de incultura, de imposibilidad de conciliación entre la vida laboral y la familiar, etc.

Las leyes son un elemento del nivel estructural y una de sus funciones es la prevención, por lo que, ya que hemos dicho que la mayoría de los países cuentan con legislación relativa a la protección a la infancia y la adolescencia, lo que corresponde es que se apliquen. Y para que se apliquen debe informarse a toda la sociedad y formar específicamente a los padres, a los profesionales de la sanidad, de la educación, de los servicios sociales, de la policía y de la justicia.

El enfoque preventivo debe ser multisectorial y un trabajo en red:

- Implementación de programas de formación a las familias aportando las pautas y técnicas de crianza positivas y la divulgación y sensibilización de las mismas en los medios de comunicación.
- Programas de formación específica a los profesionales de la sanidad, educación y servicios sociales sobre el desarrollo infantil para que puedan actuar como agentes de prevención y de promoción de buenas prácticas.
  - En el ámbito de la sanidad, además de la formación de médicos, enfermeros y trabajadores sociales, resulta muy eficaz la implementación de protocolos específicos de actuación que ayuden a tomar decisiones y a canalizar los casos graves hacia las instituciones específicas de protección a la infancia.
  - En el ámbito de la educación, además de la formación del profesorado en el conocimiento del problema, resulta imprescindible la identificación de la profesión de maestro o profesor con la función tutorial que despliega su actuación con los alumnos y sus familias. Los centros educativos también deben contar con pautas claras de intervención y canalización colaborativa hacia otras instituciones.

Respecto a los niveles **familiar e individual**, recuerdo que cuando hablábamos de las pautas de crianza, el estilo más equilibrado era el EXIGENTE + CÁLIDO, pero me voy a centrar en las pautas de buen trato hacia los niños. Unas pautas que recojo de la Recomendación Europea 2006/19 que se redactó en consonancia con la Declaración de los Derechos del Niño de la ONU:

1. Proporcionar afecto y apoyo.- Para crecer sanos, los hijos necesitan unos padres que les traten con cariño y con firmeza consistente. Padres que les cuiden, les abracen, les hablen, les escuchen, les expresen sus sentimientos, les protejan,...

2. Dedicar tiempo para interaccionar con los hijos.- Los hijos necesitan la interacción y la presencia de sus padres para poder establecer vínculos de apego y seguridad. Realizar tareas y actividades de ocio juntos, hablar, escuchar, cantar,...

3. Comprender las características evolutivas y de comportamiento de los hijos a una determinada edad.- Los padres deben ajustar y modular las expectativas y las exigencias respecto a sus hijos en función del momento evolutivo de éstos.

4. Comunicarse abiertamente con los hijos, escuchar y respetar sus puntos de vista y promover su participación en la toma de decisiones y en las dinámicas familiares.- Sobre todo en la adolescencia, padres e hijos necesitan una comunicación franca en la que todos puedan expresar cómo se sienten, los padres en el proceso de apertura de su confianza hacia el hijo que va adquiriendo autonomía gradual , y el adolescente en el proceso de ganarse esa confianza y en la comprensión de los temores de sus padres.

5. Establecer límites y normas para orientar el adecuado comportamiento de los hijos y generar expectativas de que cooperarán en su cumplimiento.- Los niños y los jóvenes —como los adultos— necesitan normas y límites que les ayuden a regular sus comportamientos espontáneos. Los límites comienzan por las pautas temporales de dormir, comer, etc. Y continúan en forma de normas de cooperación y convivencia, estableciendo las formas adecuadas de tratarse, de obedecer, de compartir…Progresivamente, las normas y límites conviene que se verbalicen de forma que los niños sepan lo que se espera de ellos.

6. Reaccionar ante sus comportamientos inadecuados, proporcionando consecuencias y explicaciones coherentes y evitando castigos violentos o desproporcionados.- Conviene que los padres recuerden a sus hijos los comportamientos deseados, eviten gritarles, reñirles agresivamente, amenazarles o pegarles. En este caso, el mensaje que están captando es que si sus padres y madres pueden amenazar y pegar, ellos también pueden hacerlo. Sin embargo, las sanciones o castigos, siempre proporcionados, deben cumplirse para corregir las actitudes inadecuadas y hacer valer los límites.

Es necesario que los padres extremen el cuidado en ser coherentes para no emitir mensajes contradictorios como ocurre si un día se reprende un comportamiento y al día siguiente se ignora o se aprueba el mismo proceder.

VII. Violencia contra los ascendientes ancianos

El maltrato a los mayores dentro de la familia presenta muchas similitudes con el maltrato infantil y aún más con el maltrato a las personas discapacitadas. En realidad, el proceso de las personas que llegan una avanzada edad es el contrario al de los niños; va de la autonomía hacia la dependencia. En este tránsito se pasa de ser autosuficiente a depender de otras personas para poder realizar muchas actividades cotidianas y, cuando las coberturas sociales y los sistemas de pensiones no cubren suficientemente las necesidades, también puede añadirse la dependencia económica.

Hasta ahora la edad de corte a partir de la cual considerábamos a una persona "mayor" o "anciana" era la de 65 años, quizá porque hasta hace poco tiempo esa era la edad legal de jubilación en muchos países. Sin embargo este concepto debería ser modificado en función de parámetros de salud, autonomía, actividad mental y física, etc.

Definición del maltrato a los ancianos

El maltrato de personas mayores en el ámbito familiar es cualquier acción voluntariamente realizada, que pueda causar o cause un daño a una persona mayor; o cualquier omisión que prive a un anciano de la atención necesaria para su bienestar, así como la violación de sus derechos. Para que estos hechos se tipifiquen como maltrato deben ocurrir en el marco de una relación interpersonal donde exista una expectativa de confianza, cuidado, convivencia o dependencia, pudiendo ser el agresor un familiar, o un cuidador contratado.

Manifestaciones de la violencia contra los padres ancianos

El Centro Reina Sofía, en el Informe de 2008 sobre personas mayores en la familia en España, dirigido por Isabel Iborra, establece cinco categorías dentro del maltrato de personas mayores. Se trata de la misma tipología que se ha establecido tradicionalmente en el maltrato infantil (Sanmartín, 2005) pero añadiendo, por razones obvias, el abuso económico.

- **Maltrato físico:** acciones que, voluntariamente realizadas, provocan o pueden provocar daño o lesiones físicas.
- **Maltrato psicológico:** insultos, amenazas, desprecios, humillaciones o actitudes que provocan o pueden provocar daños psicológicos.
- **Negligencia:** abandono o dejación de las obligaciones en los cuidados de una persona.
- **Abuso sexual:** cualquier contacto físico no deseado en el que una persona es utilizada como medio para obtener estimulación o gratificación sexual.
- **Abuso económico:** utilización ilegal o no autorizada de los recursos económicos o de las propiedades de una persona. Apropiación, aprovechamiento o mal uso de las propiedades o dinero del mayor, falsificación de su firma, imposición de firma de documentos (contratos o testamentos), etc., que produce la incapacidad para pagar facturas, falta de servicios, desahucio, deterioro del nivel de vida, etc.

Causas del maltrato a los mayores

Cuando analizamos las causas del maltrato a los ancianos lo hacemos desde el mismo planteamiento ecológico y ecosistémico utilizado anteriormente. Los factores estructurales son decisivos, pues las sociedades en las que existe una buena cobertura de la dependencia padecen este problema en menor medida que aquellas en las que no hay sistemas de apoyo a la familia con miembros en situación de dependencia.

En casi todas las sociedades las leyes establecen la obligación de los hijos de cuidar de sus padres cuando son mayores. Concretamente, el Artículo 68 del Código Civil español establece lo siguiente: "Los cónyuges están obligados a vivir juntos, guardarse fidelidad y socorrerse mutuamente. Deberán, además, compartir las responsabilidades domésticas y el cuidado y atención de ascendientes y descendientes y otras personas dependientes a su cargo".

Además de las características propias de la víctima y del agresor, hay una serie de factores que pueden estar incidiendo en la presencia del maltrato de mayores.

Factores de riesgo socioculturales

La tolerancia de la violencia por parte de la sociedad en general se hace presente en todos los ámbitos de la vida. Esta aceptación o normalización de la violencia hace que ésta impregne nuestras actividades diarias, lo que puede también contribuir a su aparición.

Como ya hemos afirmado anteriormente, en algunas familias, la violencia es un patrón de comportamiento habitual. En ellas, las personas aprenden a ser violentas, bien por observación, bien por haber sido ellos mismos víctimas de algún tipo de maltrato.

Los cambios producidos en la composición de las unidades familiares, la mentalidad machista respecto al rol de cuidador, las obligaciones laborales, el tamaño de las viviendas, etc., dificultan a las familias la debida atención de sus mayores y, a veces, provocan serios conflictos en su seno.

El "edadismo" hace referencia al mantenimiento de estereotipos o actitudes prejuiciosas hacia una persona únicamente por el hecho de ser mayor. Las actitudes y estereotipos negativos hacia las personas mayores hacen que, en cierta forma, se les deshumanice. Entre estas ideas se encuentra, por ejemplo, la de que las personas mayores pierden poder y control sobre sus vidas con la edad, así como la percepción de los ancianos como frágiles, débiles y dependientes. Todo esto facilita que otras personas abusen de ellos sin un sentimiento de culpabilidad o remordimiento.

Factores de riesgo familiares o individuales del maltrato de personas mayores

Los aspectos individuales y familiares nos informarán de cuestiones tales como las mentalidades de los miembros mayores de la familia. Cuando un maltratador a la pareja y a los hijos llega a la vejez sigue siendo la misma persona y utilizando o intentando utilizar los mismos recursos de dominio. Puede pensar que ahora que es mayor, todos deben seguir estando a su servicio, que solo tiene derechos sin tener obligaciones.

Si se ha producido la transmisión de esos mismos valores a los hijos es muy probable que el anciano se vaya transformando en víctima en la medida en que vaya perdiendo autonomía y poder simbólico. Y puede también que ahora pase a ser víctima de los hijos, pero continúe maltratando a su esposa.

Es muy probable que en el inicio del proceso de deterioro físico y mental se produzcan episodios de **violencia agresión** (del mismo nivel) y después, según vaya aumentando el grado de dependencia, comience a manifestarse el maltrato de los hijos en forma de **violencia castigo.**

Factores de riesgo de la víctima

Sexo.- La gran mayoría de los estudios han encontrado un mayor porcentaje de víctimas entre las mujeres que entre los hombres, que además sufren los casos más graves de maltrato tanto físico como psicológico.

Aislamiento social.- Las personas mayores víctimas de maltrato tienen menos contactos sociales y es común que la víctima conviva únicamente con su agresor, que en muchas ocasiones es el único cuidador.

Dependencia.- Aunque no es un resultado universal, numerosos estudios han observado deficiencias físicas o cognitivas en las personas mayores víctimas de maltrato. Así, por ejemplo, se ha encontrado un porcentaje de maltrato superior a la media entre las víctimas que presentan Alzheimer.

Depresión.- Varios estudios han descubierto que la depresión, las ideas suicidas y los sentimientos de infelicidad, vergüenza o culpabilidad son comunes entre las víctimas. No obstante, en el caso de la depresión y el aislamiento social, hay un problema común: la dificultad de discernir si son el resultado de la situación de maltrato o si es que las personas mayores con estos problemas son más susceptibles de ser maltratadas.

Factores de riesgo del agresor

Sexo.- Diversos estudios han encontrado diferencias en relación al sexo del agresor. Por tipos de maltrato, parece que las mujeres son responsables especialmente de los casos de negligencia, este resultado no nos puede extrañar debido a que son las mujeres las que han asumido tradicionalmente el papel de cuidadoras y, probablemente este factor haya sido medido desde esa perspectiva. Los hombres por su parte son los responsables más habituales de las formas más extremas de maltrato, así como del maltrato físico y del abuso sexual.

Aislamiento social.- Igual que en el caso de las víctimas, algunas investigaciones sugieren que los agresores tienen problemas con las relaciones sociales, están más aislados y carecen de apoyo social.

Dependencia económica.- En muchos casos, los agresores son económicamente dependientes de la víctima para su alojamiento, manutención, transporte y otros gastos. Se observa que este aspecto, sin embargo, está cambiando en un amplio porcentaje de casos debido a la crisis económica y de empleo, ya que algunas familias se ven obligadas a depender de la pensión del abuelo para subsistir por ser el único ingreso estable, aunque escaso, con el que pueden contar. Lo que supone que como factor de riesgo, éste sea aún mayor.

Psicopatologías.- Los estudios demuestran que los agresores de personas mayores presentan más problemas psicológicos y de abuso de sustancias que aquellos cuidadores que no muestran conductas abusivas. El trastorno psicológico que se ha encontrado más frecuentemente entre los agresores de personas mayores es la depresión.

Estrés.- Cuidar de un familiar anciano puede ser una importante fuente de estrés para las familias. Además, hay una serie de factores que pueden agravar esta situación, como la escasa información respecto al proceso de envejecimiento, la falta de habilidades de cuidado y unos recursos de apoyo inadecuados. Otra cuestión que incrementa la sensación de carga de los cuidadores es que la persona mayor tenga un alto grado de dependencia para la realización de actividades cotidianas como el aseo, el control de esfínteres, la movilidad, etc.

Cómo afrontar el maltrato a los mayores

Las transformaciones sociales y generacionales de la sociedad actual, con su sublimación de la juventud, ha producido paralelamente una pérdida de valor de la opinión de la experiencia y el papel que antes se atribuía a los mayores en las familias. Las conformaciones familiares más pequeñas, el tamaño de las casas, el tamaño y el ritmo de las ciudades y los requerimientos de la vida laboral, en muchas ocasiones dificultan enormemente la atención de las personas dependientes.

Por otra parte, la soledad y la sensación de vacío afectivo, según el profesor Javier de las Heras (2005), junto con el deterioro físico y psíquico del envejecimiento, producen con mucha frecuencia cuadros de depresión en las personas mayores.

La detección del maltrato objetivable a los ancianos se produce muy a menudo en el ámbito de la sanidad. Los médicos de familia, los servicios de urgencias y los geriatras conocen el problema y han desarrollado instrumentos de canalización hacia los servicios sociales y, en los casos más graves, hacia las autoridades judiciales.

Sin embargo, este como tantos otros problemas, tiene mucho que ver con la economía y con los sistemas públicos de protección social. Cuando una familia tiene medios para pagar cuidadores no suele haber demasiados problemas, la dificultad surge cuando no hay medios propios, ni medios públicos de ayuda a la dependencia y los descendientes no son capaces de organizarse solidariamente para afrontar la situación que se les plantea.

Por propia experiencia puedo contar la sensación de sospecha por parte de un jovencísimo médico en el servicio de urgencias de un hospital de Madrid, de que nuestra intención, al acudir con nuestra anciana madre a dicho servicio, respondiese a un supuesto interés porque quedase ingresada en aquel hospital para no hacernos cargo de ella. Nos incomodó muchísimo la actitud prejuiciosa del doctor, las preguntas inquisitivas que se dirigían hacia categorías prediseñadas para la detección del abandono, sin dejar tiempo a la escucha de la explicación de nuestras razones para haber trasladado a nuestra madre al servicio de urgencias. Entendimos mi hermana y yo que el hospital como organización habría adoptado algún protocolo para evitar convertirse en una salida socio-asistencial para los problemas que plantea la tercera edad y poder encargarse de las tareas propias de un centro sanitario. Sin embargo, la aplicación de ese protocolo protector de forma tan torpe puede constituir por sí mismo una forma más de maltrato institucional, que no es el objeto de este libro, pero del que habría mucho que decir.

Las instituciones sociales deberían tener autoridad y disposición de afrontar los problemas que se plantean en las familias con los ancianos en situación de dependencia. Hasta ahora, al menos en España, parece que la única responsabilidad del Ministerio que tiene atribuidas las competencias en Asuntos Sociales es tener presupuesto para subvencionar programas, y no es que esto no sea importante, pero cuando los recursos son escasos, y lo son siempre, es necesario exigir más trabajo y más imaginación; más exigencia para que se cumplan las leyes (entre otras la obligación de los hijos de cuidar de sus padres), más mediación de los servicios sociales y mayor control público.

La experiencia nos dice que la situación de dependencia de los mayores es también a menudo un elemento de injusticia y desigualdad de género, pues suelen ser en mayor medida las hijas y no los hijos quienes tienen que asumir la responsabilidad de los cuidados y atenciones, incluso teniendo que dejar temporalmente su trabajo para poder afrontar esa realidad. El paradigma del patriarcado sigue pues presente.

Prevención del maltrato a los ancianos en la familia

Para prevenir el maltrato a las personas mayores es necesario contar con estructuras (económicas, sociales y culturales) que permitan afrontar el alargamiento de la vida de forma digna.

Por un lado es preciso contar con la cobertura social de los sistemas públicos de pensiones y, por otro, es necesaria la configuración de sistemas públicos de atención a la dependencia que cubran las necesidades básicas de las personas mayores que pierden la autonomía, con plazas en residencias de mayores, centros de día, etc. Esta atención debería modificar lo mínimo posible la vida cotidiana del anciano; su lugar de residencia, su casa, sus relaciones sociales…, en función del mantenimiento de los grados de autonomía.

Desde la perspectiva cultural, tendríamos que aprender a hacernos viejos ("envejecimiento activo") y a afrontar la muerte con mayor dignidad. La vejez para muchas personas es una etapa en la que pueden dedicarse con mayor intensidad a sus aficiones, y en la que pueden aprender e iniciarse en otras nuevas. Hay más tiempo para compartir con la familia y los amigos, más tiempo para colaborar de forma altruista con instituciones de ayuda a los demás, a la familia, a los nietos, tiempo para luchar por un mundo mejor y más justo, tiempo para descansar y tomarse las cosas con calma. El reto es mantener la salud y la autonomía, con una buena calidad de vida, el mayor tiempo posible.

El aislamiento social es quizá uno de los aspectos más importantes a evitar. Mantener conectados a los ancianos con sus redes sociales y familiares durante el mayor tiempo posible supone mantener la normalidad de su vida. Cuando se priva al anciano de una mínima estabilidad relacional parece más probable que se acelere el deterioro cognitivo.

Violencia ejercida por los hijos

Existen aspectos semejantes a otras formas de violencia ya tratados, para no resultar reiterativo, solo recogeré aquellos que son específicos de esta modalidad de maltrato.

VIII. Violencia contra los hermanos

La sociedad manifiesta escasa conciencia sobre este tipo de violencia. Se trata de un fenómeno conocido, pero poco investigado; sin embargo su existencia apunta una realidad preocupante. Se trata de una forma de violencia doméstica que puede llegar a producir daños irreparables tanto a las víctimas como a los agresores. Su origen tiene que ver con el aprendizaje de la utilización de la violencia como mecanismo de resolución de conflictos y se alimenta de las creencias de la dominación de unos sobre otros. Es muy probable que se produzca en las familias en las que, de alguna manera, la dinámica de la dominación ya esté instalada o aquellas en las que los adultos no prestan atención a las dinámicas de relación establecidas entre los hermanos.

Es frecuente que los hermanos que no se llevan muchos años de diferencia y se encuentran en procesos evolutivos próximos y, por tanto muestran interés por las mismas cosas, tengan disputas de intereses y hasta lleguen a pelearse circunstancialmente. La labor de los padres es controlar y canalizar esos conflictos para que aprendan a gestionarlos y poner orden cuando se descontrola el proceso. Deben intentar actuar como mediadores y no como árbitros, impulsando la comunicación, la negociación y el entendimiento. En el arbitraje la solución depende de la figura de autoridad, en la mediación la solución la encuentran las partes y el mediador sólo vela porque las condiciones de negociación y acuerdo sean equilibradas.

Muchos padres consideran como normal la agresión física y verbal entre hermanos como un buen entrenamiento para gestionar sus relaciones sociales fuera de la familia. Incluso piensan que es mejor no inhibir las conductas agresivas para que los hijos vayan adquiriendo habilidades de relación para un mundo en el que, "o comes o te comen". Es el patrón de creencias de "la vida como la ley de la selva".

Sin embargo no estamos tratando sobre una mera tendencia a rivalizar y competir por los mismos juguetes, por la atención de los padres, por el mando a distancia,... Estamos tratando un problema que puede tener su origen en la falta de intervención de los padres en la resolución de esos pequeños desencuentros que he citado, pero que se desborda hasta producir un problema muchísimo más grave cuando los conflictos ordinarios terminan convirtiéndose en agresiones crónicas. Pues, aunque algunos niños no controlan sus impulsos, la violencia solo se convierte en abuso repetido cuando los padres no la controlan desde el principio.

El maltrato entre hermanos tiene muchos paralelismos con el "bullying" o acoso escolar, es un patrón de agresión física o psicológica con la intención de producir daño y motivado por la necesidad de poder, dominio y control.

Cuando uno de los hermanos encuentra la forma de dominar a otro por la fuerza, por amenazas, por chantajes, etc., y la víctima, a pesar de sucesivos intentos no logra hacer frente al maltrato, puede dejar de resistirse y caer en la sumisión de las víctimas o "indefensión aprendida".

El maltrato continuado puede tomar la forma de violencia física, de ridiculización, insultos, amenazas, coacciones, agresión sexual, la destrucción de objetos personales del hermano, etc. Mediante el dominio, el agresor consigue tener a su servicio al hermano y abusa de él a su voluntad.

La intimidación perpetrada por hermanos, puede ser considerablemente más traumática para el niño que la intimidación entre compañeros debido a que ocurre dentro del hogar, es permanente, y no cabe posibilidad de escapar.

Tipologías de maltrato filial

Las tipologías del maltrato entre hermanos son las mismas que ya hemos tratado, tanto cuando hablábamos de la violencia en la pareja, como cuando lo hacíamos del maltrato infantil, incluida la negligencia (en aquellas ocasiones en las que el hermano que agrede se encarga del cuidado del menor maltratado).

Factores de riesgo del maltrato filial

Factores de riesgo que pueden favorecer la aparición de violencia entre hermanos:

- Ambiente de violencia familiar. Una familia violenta no sabe enseñar a resolver conflictos de otra manera.
- Familias en las que hay malos tratos hacia los hijos por parte de los padres. La violencia se hace descendente hacia los más pequeños.
- Ausencia de ambiente cálido y afecto positivo.
- Ausencia de reglas claras sobre la disciplina. La arbitrariedad y la incongruencia impiden interiorizar normas de conducta aceptables si la misma conducta unas veces es reprimida y otras ignorada o valorada positivamente.
- El trato diferencial hacia unos hijos (favoreciendo y ensalzando habitualmente a uno de ellos o menospreciando y desprestigiando habitualmente a otro de ellos) es un factor desestabilizador de las relaciones entre hermanos.

- La envidia y los celos entre hermanos, cuando no se afrontan y canalizan por parte de los padres, pueden ser también un factor de riesgo de maltrato.

Cómo afrontar el maltrato entre hermanos

En los casos más graves, puede ser tal el deterioro de la víctima, que es posible que termine en suicidio o necesitando ser atendido por terapeutas ante la alarma de los padres por los síntomas conductuales que presenta, aunque ignoren el origen de los mismos.

Enfrentarse a la situación pasa por proteger a la víctima del hermano agresor y deshacer todos y cada uno de los lazos de dependencia y dominio establecidos por éste. Hemos de tener en cuenta que, como ocurre con las demás formas de maltrato, las secuelas psicológicas pueden ser muy duraderas y pueden requerir una separación de víctima y agresor en todos los ámbitos sociales posibles (colegio, grupo de amistades, actividades de ocio, etc.) que permitan a la víctima rehacer su autoestima y establecer relaciones sanas con los iguales y con los adultos.

Por su parte, los padres tienen que aprender a ayudar a los hijos a gestionar conflictos y a establecer normas de respeto y de buen trato.

Prevención del maltrato entre hermanos

En realidad, la mejor forma de enfocar la prevención sería controlar los factores de riesgo, pero seré más explícito.

Una buena relación de hermandad proporciona, sobre todo a los menores, una figura de apego complementaria a la de los padres, un sentido de identidad y pertenencia a la familia, un sentimiento de confort, de respaldo y de protección frente a "los otros" y una oportunidad de aprendizaje de gestión positiva de conflictos. Todo ello, según los expertos, favorece la resiliencia, nos hace más fuertes.

Los padres deben establecer normas claras de relación correcta entre los hijos y hacerlas cumplir para favorecer un ambiente cálido y seguro.

Enseñar a sus hijos a plantear los conflictos de intereses abiertamente y a resolverlos entre los hermanos con soluciones cooperativas, de suma variable, por medio de la negociación y el acuerdo. Ese aprendizaje requiere inicialmente que los adultos den ejemplo y que actúen como mediadores en los conflictos ayudando a buscar alternativas cooperativas de acuerdo.

Los padres deben saber distinguir entre los conflictos normales que surgen entre hermanos y los abusos entre ellos.

Educar e incentivar a sus hijos para que aprendan a controlar sus impulsos y emociones, a saber ponerse en el lugar del otro y comprender lo que siente, así como a saber decir "no" cuando algo no es de su agrado o es contrario a las normas.

Aunque uno de los aprendizajes básicos es la autonomía progresiva y acorde con la edad de los hijos, éstos deben aprender a pedir ayuda cuando no pueden resolver los problemas por sí mismos. Esto me lleva a tratar un valor o principio que los niños y jóvenes tienen muy arraigado. Hablo del concepto "chivarse" o ser "chivato" (acusar a otros).

Con mucha frecuencia he tratado este tema con mis alumnos, pues casi todos comparten la idea de considerar que una de las peores ofensas que se pueden hacer a los compañeros de grupo es "chivarse" o delatar a los otros. Esto nos invita a clarificar el término, porque desde siempre los agresores han utilizado el silencio de las víctimas para perpetuar su dominación y abuso.

Pedir ayuda para resolver un problema que nos afecta muy seriamente no es "chivarse", es defender nuestros derechos. Y la educación para la resolución de conflictos pasa por la denuncia ante la autoridad de los abusos de los demás cuando por nosotros mismos no podemos afrontarlos.

Sin embargo, recopilar información sobre los otros y utilizarla cuando nos conviene para manipular, perjudicar, o extorsionar a los otros, sí es "chivarse".

IX. Violencia de los hijos contra los padres

También se conoce este fenómeno de violencia doméstica con las denominaciones de maltrato ascendente, violencia filo-parental o síndrome del emperador. Y a los hijos maltratadores se les llama "hijos tiranos". Para situar este fenómeno debemos aclarar que no estamos hablando de un enfrentamiento violento que se produce entre un padre y un hijo ya adolescente de forma extraordinaria como reacción inesperada y sorprendente para ambos, por el desbordamiento de la ira en un conflicto; lo que Perrone y Nannini llaman violencia agresión o reactiva.

Cuando hablamos de violencia filo-parental o maltrato ascendente nos referimos a un **patrón de conducta duradero que los padres han forjado inconscientemente durante los primeros años de vida del hijo. No es una enfermedad,** es un aprendizaje que hace sufrir dramáticamente a unos padres que no comprenden cómo puede ser que ese hijo, al que han adorado y han dado siempre todo lo que pedía, ahora reaccione así. No pueden entender que no se trate de una enfermedad y buscan explicaciones en la medicina, en la psiquiatría, sin ver o sin querer reconocer que se han equivocado en las pautas con las que han educado a su hijo. Estamos hablando del fruto de las creencias que tiene el hijo o la hija y que han cristalizado en una mentalidad abusadora y que, como ocurre con el resto de los tipos de violencia familiar que hemos analizado, utiliza el patrón de violencia-castigo como herramienta de poder, (dominio y control).

Podemos definir el maltrato filo-parental como un patrón de conducta agresiva y abusiva de los hijos que provoca miedo y sumisión en los padres por medio de la violencia física, el maltrato psicológico, la destrucción de bienes materiales, etc.; para lograr imponer su dominio sobre los bienes económicos, imponer obligaciones, exigir servicios, establecer reglas,...

El maltrato filo-parental se agudiza entre los 10 y los 18 años, pero no aparece de repente, se ha ido forjando lentamente y su progresión es observable, como veremos.

Adelantaré el titular: al hijo, primero se le maltrata por negligencia, por no ponerle límites, por tenerlo entre algodones y después él, poco a poco, se convierte en un férreo maltratador.

Cuando los padres denuncian la situación, si es que llegan a hacerlo, llevan mucho tiempo desbordados porque sus hijos consentidos y caprichosos después se volvieron exigentes, más tarde llegaron los insultos, luego la desobediencia absoluta, la desconsideración, la agresión física ante la menor señal de resistencia a su dominio, la rotura de cualquier objeto a su alcance en momentos de ira, la destrucción premeditada de objetos apreciados por los padres, la exigencia de dinero, la invasión de la casa por la pandilla de amigos, la expulsión o reclusión de los padres, su desaparición durante unos días hasta que se les acaba el dinero...; una situación de terror sin perspectivas de solución.

Los padres se encuentran desolados, con miedo a su propio hijo al que aman profundamente, por el que se preocupan y sufren al verle así, sin estudiar ni trabajar, violento e inadaptado a la realidad; sin futuro. Sienten vergüenza porque los vecinos, los familiares, ven cómo se comporta su hijo al que nunca le han negado nada. Y no saben qué hacer, adónde acudir, a quién pedir ayuda. No entienden nada y no saben qué han hecho mal. Ellos solos se ven impotentes para poder arreglar la situación a la que han llegado y comienzan a temer por su vida y por la de su hijo.

El proceso de maltrato filo-parental puede adquirir una dinámica de espiral ascendente, es decir, ante los envites violentos del hijo, los padres asustados ceden a la presión para intentar rebajar la tensión, esto hace que el hijo se sienta con más poder y eleva las exigencias a sus padres, hecho que obliga a éstos a resistirse, lo que provoca en el hijo una reacción desmesuradamente más violenta, lo que a su vez produce un intento de apaciguamiento que es nuevamente interpretado como una cesión de los padres; y así sucesivamente.

Hay un programa de televisión que presenta a jóvenes que son maltratadores de sus padres. Agreden a sus progenitores, les quitan el dinero, venden sus bienes, destrozan los muebles cuando se enfadan, ni estudian ni trabajan (son conocidos como generación "nini"). Presentan una grave inadaptación social. El terapeuta conductor del programa es un consejero que ha superado una grave situación de drogodependencia y, una vez rehabilitado, se dedica a ayudar a los demás a salir de situaciones sociales complicadas. Los casos que se exponen en cada programa son reales aunque alguien no lo pueda creer.

Otro programa de televisión presenta casos de familias en apuros cuyos padres piden auxilio a "Supernanny" para que les ayude a reconducir el comportamiento de sus hijos pequeños al ver cómo la educación se les va de las manos. La asesora enseña a los padres a poner límites a sus hijos pequeños, a lograr que se responsabilicen progresivamente de algunas tareas y a respetar unas mínimas reglas de convivencia. En realidad el programa muestra cómo la falta de pautas de crianza claras y de criterios educativos coherentes por parte de los padres puede generar pequeños tiranos que amargan la vida de sus padres, de sus profesores y que, cuando crecen se amargan la vida a sí mismos.

Yo los conozco porque los protagonistas presentan características comunes a las de mis alumnos y compruebo que tienen una incapacidad absoluta para reconocer y respetar figuras de autoridad sobre ellos. Desde luego sus padres no lo son, perdieron su autoridad hace mucho tiempo por las razones que intentaremos desmenuzar más adelante. Sus profesores lo tenemos muy difícil porque llevan una larga trayectoria en la cual la dificultad de sus padres para socializarlos adecuadamente ha impedido que la escuela pueda realizar bien su labor. Además, a menudo los propios padres dificultan que la escuela realice su labor socializadora, sin la cual tiene muy difícil poder realizar la tarea de enseñar.

Los profesores estamos acostumbrados a que algunos padres y madres, desesperados por no ser capaces de reconducir a sus hijos para que estudien, hagan las tareas, se comporten bien,…, nos digan: "Es que nos ha salido así". Como si se tratase de una enfermedad o de una fatalidad del destino. Es una explicación algo más cómoda que si se plantearan: "¿En qué nos podemos estar equivocando en la educación de nuestro hijo? ¿Me pueden ayudar?"

Me ha ocurrido en varias ocasiones en las cuales la madre de algún alumno de 9 o 10 años, después de haber analizado las malas calificaciones y la deplorable actitud de su hijo, me ha dicho: "Mire, yo no puedo con él, o lo dejo, o lo mato". Yo, invariablemente con una sonrisa respondía: "No, no, pues no lo deje…". Y no es que yo quisiera que se lo cargasen, ¡pobrecillo! Quería decir que no podían permitirse el lujo de renunciar a su responsabilidad de padres, porque además ellos no sabían que dejarlo siempre es peor.

Estos padres, en su impotencia, están dispuestos a enfrentarse al maestro, al director y a quien haga falta siempre que el enfrentamiento sea público y se entere su hijo de que en sus padres tiene a unos aliados incondicionales que velan porque a su hijo no le "tosa" nadie. No se dan cuenta de que están socavando más aún su autoridad y la de todos los adultos.

Yo creo que una parte importante del problema puede partir de la intención idealista de presentar a sus hijos un mundo que en realidad no existe. Un mundo más benevolente, confortable y regalado: "El País de Jauja". Los padres deben ayudar a sus hijos a asumir el principio de realidad para que progresen con suficiente normalidad en el mundo exigente, competitivo, complejo, y muchas veces hostil en el que vivimos.

Y en este camino cuentan con la colaboración del entorno escolar como agente socializador secundario.

> *"La tarea actual de la escuela resulta así doblemente complicada. Por una parte, tiene que encargarse de muchos elementos de formación básica de la conciencia social y moral de los niños que antes eran responsabilidad de la socialización primaria llevada a cabo en el seno de la familia. Ante todo, tienen que suscitar el principio de realidad necesario para que acepten someterse al esfuerzo de aprendizaje, una disciplina que es previa a la enseñanza misma pero que ellos deben administrar junto con los contenidos secundarios de la enseñanza que les son tradicionalmente propios".* F. Savater. "El valor de educar", 1997.

La forja de un tirano

Hace unos días me contaban que existe una tendencia entre algunas jóvenes madres de bebés lactantes a practicar el "self-service de la teta durante un tiempo prolongado". El niño pequeño que utiliza a su madre como chupete. A cualquier hora y en cualquier lugar el niño, que seguramente ya tendría que estar destetado pues camina solo, tiene dientes y comienza a hablar, se dirige hacia su madre, le desabrocha o alza la ropa y comienza a mamar. No hay horarios, ni pauta, ni organización, los demás no existen o son invisibles.

Este tipo de actuaciones de algunos padres no ayudan a los niños a desarrollarse para vivir en sociedad porque el mensaje que están recibiendo es que lo único importante es que el niño satisfaga sus apetencias cuando le plazca. Me pregunto qué pasará cuando la madre tenga que separarse de su hijo porque tenga que trabajar o porque se escolarice el retoño. Si a un niño le demuestran con los hechos que el único que manda es él, porque los adultos que hay a su alrededor están pendientes, no de lo que necesita, sino de lo que se le antoje, le están haciendo un egoísta. Y si le enseñamos a ser egoísta, ¿cómo vamos a pretender que desarrolle la capacidad de comprender los sentimientos de los demás? ¿Cómo va a poder desarrollar algún sentido del deber si solo tiene derechos?

Si a la falta de estabilidad en los horarios de las comidas añadimos la falta de hábitos de higiene, de orden, de normas como no pegar a los demás. Si los adultos no soportan que el niño llore y hacen lo que sea por no contrariarle. Si, aunque se diga "no" luego puede ser "sí". Si lo que dice un adulto lo desdice otro. Si le decimos que no se pega, pero utilizamos la violencia para resolver conflictos en el hogar. Si le corregimos una conducta un día y le premiamos la misma conducta otro día. Si le castigamos, pero no se cumple el castigo. Si gritamos mucho, pero luego no hacemos nada. Si no cuidamos los animales, las plantas, las cosas. Si no le enseñamos a pensar cómo se siente otra persona ante nuestros actos. Si lo que dice el profesorado en el colegio lo desdecimos en casa. Si el niño siempre tiene razón. Si pensamos que tiene derecho a todo, pero obligación de nada. Si molestar a los demás no importa. Podemos estar forjando un tirano.

Para no correr el riesgo de caer en extremismos, es preciso matizar. Debemos ser conscientes de que todos los niños pequeños desobedecen alguna vez, lo problemático es cuando es casi siempre. Para fijar límites es necesario que haya amplitud de posibilidades, porque erradicando las posibilidades de transgresión no hay educación ni sentido del límite. Es decir, si no doy una pelota a mi hijo es imposible que moleste a los vecinos del piso de abajo botando la pelota en el salón. Pero es bueno para su desarrollo que mi hijo pueda jugar con una pelota y, al mismo tiempo tendré que lograr que comprenda y tenga cuidado de botar el balón en el lugar adecuado, porque los demás existen.

Una familia no es un ejército en la que haya que asegurarse la obediencia ciega, pero los pequeños tienen que aprender a obedecer, necesitamos saber exigir obediencia en lo esencial y lograr la corresponsabilidad y la autonomía. Tenemos tiempo y necesitamos paciencia porque, aunque cada día es importante, los objetivos educativos nos los planteamos a corto, medio y largo plazo.

Los niños consentidos no necesariamente se van a convertir en hijos tiranos, en todo hay grados. Recordemos lo que hablábamos en la Parte Primera sobre el temperamento y la formación del carácter, cierto es que la adolescencia de un niño consentido probablemente será bastante más conflictiva y los padres, si no se rinden, tendrán que empeñarse más a fondo y sufrir más hasta que su hijo madure.

Por otra parte, hemos dicho que el "síndrome del emperador" no es una enfermedad, así parece, pero los efectos terminan siendo muy parecidos a lo que sufren los niños y jóvenes que padecen alteraciones psíquicas casi siempre a partir de un rasgo del temperamento, pero agravado por la educación que no actuó para compensar y matizar las tendencias genéticas.

Por otra parte, también se observa que algún hecho del pasado en el ámbito familiar que el joven ha vivido como traumático puede producir una respuesta tiránica, como de castigo por la ofensa producida, hacia el padre o la madre a quien el hijo atribuye la culpa, o en quien puede descargarla. Este fenómeno lo he podido observar en casos de niños adoptados y en algunos casos en los que, tras la separación de los padres biológicos, la madre ha mantenido la custodia de los hijos pero ha comenzado una relación de pareja con otra persona cediendo, en parte, los cuidados de los hijos a sus abuelos.

Características del hijo tirano

Recojo las características generales observadas:

- Baja tolerancia a la frustración.
- Baja autoestima y falta de empatía.
- Escaso control de los impulsos.
- Dificultades para reconocer figuras de autoridad.
- Tendencia a consumir sustancias tóxicas.
- Mala adaptación al ámbito escolar.
- Problemas de comportamiento con profesores y compañeros.
- Inclinación a no asumir responsabilidades y a culpar a los demás de sus propios actos.

Características familiares

Características observadas con carácter general por su frecuencia, pero no imprescindibles:

- Nivel socio-económico medio o medio-alto.
- Estilo de crianza permisivo, sobreprotector y con escasa capacidad para poner límites.

- Frecuencia de familias pequeñas o monoparentales.
- A veces, historia de violencia en la pareja.

Cómo afrontar el maltrato filo-parental

En una mayoría de países, en la actualidad hay pocas salidas que no pasen por la denuncia de los padres contra el hijo para que pueda actuar la justicia, si éste ha cumplido cierta edad, en aplicación de la Ley correspondiente, o bien que no supongan un coste económico enorme.

La denuncia constituye un verdadero trauma para los padres, aunque en realidad tiene carácter protector para ellos, que son las víctimas y, en algunas ocasiones, la única forma de proteger también al hijo.

El hijo debe ser consciente de que comete un delito cuando agrede, maltrata o roba a sus padres, por lo que la sociedad le debe pedir cuentas y procurar evitar que repita esos actos. No obstante, el coste emocional de la denuncia es muy alto y hay familias que no lo afrontan y optan por soportar en silencio los desmanes de su hijo. No parece lo más prudente.

Existen pocos tratamientos específicos que pretendan incidir en el fenómeno de la violencia filo-parental. Lo que se ha estropeado durante años no se puede reparar en unos meses. La vía judicial si no se orienta con cuidado, tiene los inconvenientes de correr el riesgo de poner en contacto al joven con otros jóvenes que presentan otro tipo de conductas delictivas y de desatender su educación formal durante un periodo más o menos largo.

Mi experiencia me dice que es un disparate esperar a ciertas edades (14 años en España) para afrontar con rigor este problema cuando ya ha trascendido el ámbito íntimo de la familia para convertirse en un delito y en un problema social. Desde el ámbito de la educación, desde la escuela habría que poder implicar con mayor rigor y autoridad a las familias de estos alumnos, afrontar el problema cuando se detecta y prevenir su desarrollo. Tenemos el conocimiento y el medio adecuado, falta la organización y el respaldo institucional.

La mediación familiar podría ser un ámbito de trabajo en la búsqueda de soluciones, pero tiene que haber una fuerza o autoridad sobre el menor que le ponga en situación de necesitarla. Esta fuerza o autoridad podría ser el juez, el fiscal de menores o la entidad pública responsable de la protección de la infancia, ya que los agresores no suelen tener voluntad de solucionar nada al considerar que los culpables de todo son los padres.

Cómo prevenir el maltrato filo-parental

La única forma que conocemos para prevenir el maltrato filo-parental es mediante la educación de los niños desde que nacen.

La búsqueda del equilibrio entre la individualidad u originalidad de cada persona y la estandarización que requiere la vida en sociedad es un aspecto de considerable importancia en la educación de los hijos. Los padres que manifiestan el deseo de que sus hijos se desarrollen libremente, a su voluntad, para que sean ellos mismos, seguramente desconocen las necesidades del niño. Puesto que somos cultura, no tenemos una naturaleza a la que dejar que haga su trabajo sin preocuparnos. Para que un bebé llegue a ser una persona tiene que desarrollarse como persona social. Lo hemos dicho anteriormente, necesita socializarse, y eso supone interiorizar una serie de principios, valores y normas que le permitirán vivir lo mejor posible entre los demás que también quieren vivir lo mejor posible.

El objetivo es que los niños de hoy sean adultos libres y equilibrados mañana. Los estilos de crianza a utilizar por los padres que hemos expuesto en el apartado Pautas de crianza de los hijos de la Primera Parte son esquemáticos y clarificadores. Los padres deben elegir y adaptar su propio estilo con conocimiento y responsabilidad.

La educación requiere que los padres ejerzan su autoridad sobre los hijos. Los niños no pueden dominar en el hogar, no pueden ser quienes deciden siempre cuándo se duerme, cuándo se come, qué se cocina hoy, qué programa de televisión se ve...

Desde el punto de vista preventivo, lo fundamental sería lo siguiente:

Fijar límites. Los niños necesitan pautas, normas y hábitos. Esto requiere que hagamos indicaciones claras y directas de lo que queremos y de lo que se puede hacer. Es mejor indicar en positivo, pero también es inevitable decir "no". "Sí" debe significar sí y "no" debe significar no con claridad. Los hábitos se adquieren con la repetición y la rutina, por eso son importantes los horarios.

Lograr la obediencia. Es necesario que los niños hagan caso de las indicaciones de los padres. Para lograrlo los padres deben mostrarse firmes, pero afectivamente cálidos para dar seguridad a sus hijos. Esta seguridad protectora es la que les da la autoridad y les hace ganarse la obediencia de sus hijos. Javier Urra aconseja algunas pautas: dar las instrucciones de una en una y con la conducta deseada bien explicada; atender a la edad del niño; encadenar condición y acción, por ejemplo, "si recoges los juguetes, entonces podrás hacer un dibujo"; dar oportunidades; etc.

Desarrollar la responsabilidad de sus propios actos y hacerles sentirse bien cuando son buenos y mal cuando son negativos. Para ello es necesario que los padres alaben las buenas acciones igual que recriminan las malas.

Aceptar la frustración. El niño debe acostumbrarse a no obtener todo lo que desea de manera inmediata, a admitir el no, a aceptar los errores y los fracasos, a que otros niños no quieran compartir sus juguetes,…a diferir las satisfacciones.

Desarrollar la empatía. El niño desarrolla la empatía descubriendo la semejanza entre el sufrimiento de otros y el propio. Para ello debemos lograr:

- Que comprenda cómo se siente él y cómo se sienten los demás.
- Que sienta compasión por el sufrimiento de los otros.
- Que muestre alegría por las cosas buenas que les suceden a los otros.

Pueden contribuir a lograrlo algunas actividades como ayudar a otras personas que lo necesitan, o cuidar y tratar bien a los animales y a las plantas.

Conclusiones

Hoy existe una mayor conciencia que en épocas anteriores sobre la violencia y el abuso de poder. Gracias, en buena medida, al esfuerzo realizado por las organizaciones de mujeres en su lucha contra todas las formas de violencia de género, ya no es un delito invisible, sino que produce un rechazo colectivo y una evidente alarma social.

Las creencias, las normas y los valores culturales juegan un papel trascendente en la configuración y en la promoción de la violencia en la familia. Todavía resulta cotidiano que se anime a un niño a devolver una agresión y a una niña a pedir ayuda si la recibe. Muchos padres consideran adecuado utilizar el azote o el cachete como método educativo. Un alto porcentaje de adolescentes manifiesta que la violencia es un método útil para resolver conflictos. También entre los jóvenes existe un porcentaje alto de los que conciben a la mujer como inferior o débil.

No me puedo resistir a proclamar como conclusión la necesidad de luchar por la educación buena y por la buena educación. Es de justicia universalizar la formación y la cultura, pero no es menos importante la educación en valores de ciudadanía. Valores éticos universales, de convivencia, de igualdad y de equidad (la Ética Universal de J.A. Marina o la Constitución Universal del filósofo Feliciano Mayorga) a quien debemos la "fórmula del bien":

$$B=RI+Cv.$$

O lo que es lo mismo: el Bien (B) equivale a la suma total del Respeto (RI) y el Cuidado (Cv).

Dicho de otra manera: "Trata con respeto a los seres libres (RI) y cuida a los vulnerables (Cv)".

Así pues, cambiar los estereotipos basados en prejuicios actualmente vigentes, implica una necesidad de actuar sobre la educación a corto, medio y largo plazo. Una educación comprometida con la convivencia y el buen trato, con el compromiso por la justicia y la equidad, con la autonomía de cada ser humano.

Hay razones para la esperanza, la escritora estadounidense Hanna Rosinn, autora de "The End of Men and Rise of Women", piensa que en el nuevo orden económico quienes están realmente preparadas para el éxito son las mujeres. Por eso cree que comienza un nuevo tiempo en el que las mujeres se comportan de una manera muy diferente. Las mujeres están más preparadas porque son mejores en los estudios, se esfuerzan más, son más flexibles y además han demostrado por primera vez, dice Rosin, que se puede elegir un presidente de EE.UU. sin el consentimiento de los hombres blancos de su país (en 2012 el 88% de ellos votó al candidato que perdió). En las familias también se está produciendo un cambio de roles y muchas mujeres se están convirtiendo en cabezas de familia. En las parejas con educación superior se está produciendo un fenómeno de equidad, pues ambos se turnan de forma que una temporada es el hombre el que se encarga del hogar y baja sus expectativas profesionales mientras la mujer desarrolla las suyas y después invierten el proceso.

Hemos identificado a la cultura patriarcal como responsable de la justificación del dominio masculino y del uso de la violencia, parece que comenzamos un nuevo tiempo en el que cualidades que hasta hace poco eran principalmente femeninas, como la capacidad de dialogar, la flexibilidad, la empatía y la cooperación, son integradas por igual por mujeres y hombres para lograr una convivencia vinculada y respetuosa de la individualidad.

Ahora que nuestras sociedades están sensibilizadas y movilizadas contra la violencia de género, creo que llega la hora de prestar mayor atención a otros tipos de violencia que se producen en el espacio impenetrable (para algunos) de la intimidad familiar. Me refiero al maltrato y a la violencia que sufren niños y ancianos. Y más aún cuando se sufren violencias anidadas como las puede sufrir una mujer por ser mujer y además anciana.

Afortunadamente las personas que se movilizan por la justicia y por la igualdad son conscientes de que su lucha no finaliza con logros parciales y siguen trabajando a favor de la definitiva erradicación de esta lacra social que es la violencia, algo que nos debe servir de ejemplo al resto de ciudadanos del mundo.

-Perdóname — se secó la cara deprisa, con los dedos-. Lo que quiero explicarte es que la verdad es toda la verdad, y no solo una parte. La verdad es lo que nos gusta que haya sucedido y, además, lo que ha sucedido aunque nos guste tan poco que daríamos cualquier cosa por haberlo podido evitar. Para aceptar eso también hay que ser valiente... Almudena Grandes. (El lector de Julio Verne).

Películas
y documentales recomendados

El cine no es solo un arte, también cumple con otros propósitos, nos interesa también como instrumento para la reflexión y la denuncia de las culturas, sociedades, tradiciones, personalidades y acciones.

He recopilado una serie películas que tratan sobre las diferentes formas de maltrato que he presentado y pueden servir para tomar conciencia y analizar estereotipos, creencias y otros puntos de vista.

El valor de estas obras radica en que son el reflejo real y fehaciente de la conducta humana. Logran colocarnos en medio de las situaciones de violencia y el maltrato cotidianos de forma que no podamos evitar enfrentarnos y tomar conciencia del grave problema que representan.

Largometrajes:

"La aldea maldita", de Florián Rey. España. 1930. (Cine mudo).

"Zorba el griego", de Michael Cacoyannis. EEUU. 1964.

"El color púrpura", de Steven Spielberg. EE.UU. 1985.

"No sin mi hija", de Brian Gilbert. EE.UU. 1991.

"Durmiendo con su enemigo", de Joseph Ruben. EE.UU. 1991.

"La reina de los bandidos" ("Bandit Queen"), de Shekhar Kapur. India. 1994.

"La buena estrella", de Ricardo Franco. España. 1997.

"Festen", de Thomas Vinterberg. Dinamarca. 1998.

"Solas", de Benito Zambrano. España. 1999.

"Celos", de Vicente Aranda. España. 1999.

"Flores de otro mundo", de Iciar Bollaín. España. 1999.

"El Bola", de Achero Mañas. España. 2000.

"Juana la Loca", de Vicente Aranda. España. 2001.

"Solo mía", de Javier Balaguer. España. 2001.

"María la Portuguesa", de Dácil Pérez de Guzmán. España. 2001.

"Kandahar", de Mohsen Makhmalbaf. Irán. 2001.

"Antigua vida mía", de Héctor Olivera. Argentina. 2002.

"Madame Brouette", de Moussa Sene Absa. Senegal, Canadá y Francia. 2002.

"Las mujeres de verdad tienen curvas", de Patricia Cardoso. EEUU. 2002.

"Nunca más", de Michael Apted. EE.UU. 2002.

"Cicatrices", de Paco del Toro. México. 2005.

"Te doy mis ojos", de Iciar Bollain. España. 2003 .

"Agua", de Deepa Mehta. Canadá. 2005.

"Calibre 45", de Gary Lennon. Estados Unidos. 2006.

"Buda explotó de vergüenza" de Hana Makhmalbaf. Irán y Francia. 2007.

"La captura", de Carole Laure. Francia y Canadá. 2007.

"An american crime", de Tommy O'Haver. EE.UU. 2007.

"El juego del ahorcado", de Manuel Gómez Pereira. España. 2008.

"The Stoning of Soraya (La lapidación de Soraya)", de Cyrus Nowrasteh. Estados Unidos. 2008.

"Por tu culpa", de Anahí Berneri. Argentina. 2009.

"Por nada", de Mercedes Fernández-Martorell. España. 2009.

"Secretos de familia", de Paco del Toro. México. 2009.

"No tengas miedo", de Motxo Armendáriz. España. 2011.

"Ellas", de Malgorzata Szumowska. Alemania, Francia y Polonia. 2012.

Cortos y documentales:

"All the invisible children (Todos los niños invisibles)", de Mehdi Charef, Emir Kusturica, Spike Lee, Kátia Lund, Jordan Scott, Ridley Scott, Stefano Veneruso, John Woo. Italia. Siete cortometrajes. 2005.

"Aitak", de Aitzol Aramaio. España. 2008.

"Vindicación", de Susana Koska. España. 2010.

"Nagore", de Helena Taberna. España. 2010.

"Bajo la máscara (Por un mundo sin violencia)". Marta Belaustegui. 2010.

"Sin pensarlo dos veces". Chus Gutiérrez. 2010.

"Sin razón". Daniel Guzmán. 2010.

"Nunca es tarde para hacerte valer". Malena Alterio. 2010.

"Vive o muere". Ángeles González-Sinde. 2010.

"Ella(s)", de David Baute. España 2012.

Algunos consejos prácticos

Respecto a los límites y la disciplina en la educación de los hijos:

- Utilice un estilo educativo acorde con su carácter, pero recuerde que la combinación de afecto-calidez y rigor-exigencia son las dimensiones más apropiadas a la hora de poner límites.
- Defina con claridad las normas que desea que respeten sus hijos y actúe coherentemente con ellas dando ejemplo.
- Evite la permisividad con los comportamientos graves para que el niño no interprete que hay un apoyo implícito a estos.
- Ofrezca ayuda al niño para comprender por qué es inadecuada una conducta que le exigimos que cambie.
- Evite reñir continuamente a los hijos por conductas de poca importancia, es preferible indicarles cuál es la conducta deseada.
- Ofrezca alternativas para prevenir la repetición de las conductas inadecuadas, enseñando al niño cuál es la conducta correcta.
- Conviene que el niño aprenda a esperar y a esforzarse por conseguir que se cumplan sus deseos, desarrollando su capacidad de espera y perseverancia.
- Ser consecuentes con el mantenimiento de sus principios educativos para que los niños consigan admitir la frustración de sus deseos (el "NO").

- Acostumbre a sus hijos a llegar a acuerdos en los que la satisfacción de sus deseos respete también los de los demás. (Búsqueda de soluciones de suma variable).
- Enseñe a sus hijos a percibir los sentimientos de los demás y a reflexionar sobre los propios.
- Cree una relación de confianza con sus hijos que permita que ellos pidan ayuda cuando no sepan afrontar conflictos con otras personas.
- Busque el equilibrio entre el debido control y el fomento de la autonomía para que sus hijos vayan conquistando parcelas de confianza mediante una disciplina consistente sin caer en el autoritarismo ni en la negligencia.
- Transmita a sus hijos un afecto incondicional que les de seguridad sin protegerles en exceso.
- Eduque desde la igualdad de derechos y responsabilidades entre hombres y mujeres.

En las relaciones de pareja:

- La relación de pareja debe basarse en el respeto y la confianza mutua. En una relación equilibrada, nadie es posesión de nadie.
- Las relaciones afectivas deben desenvolverse en un clima de franqueza, igualdad y autonomía entre personas libres e independientes.
- No haga nada que vaya contra sus principios, ni por imposición.
- Defina claramente qué cosas le agradan y cuáles le disgustan.
- Los límites del respeto a la autonomía personal deben establecerse desde el comienzo de la relación.
- Busque que su relación de pareja sea gratificante. Es decir, que le proporcione satisfacción, interés, seguri-

dad, solidaridad, respaldo, confianza en el futuro y proyectos comunes.

- Mantenga sus amistades y relaciones sociales de otros ámbitos de la vida (trabajo, estudios, etc).

Si existe riesgo o padece malos tratos:

- Establezca inmediatamente los límites que no se pueden sobrepasar para que no haya posibilidad de repetición.
- Si considera que se puede salvar la relación, busque ayuda especializada para el/la agresor/a de manera que se comprometa a modificar su actitud.
- Identifique claramente la clase de maltrato que se está produciendo e intente que el agresor comprenda la dimensión del problema.
- Si considera que no se puede salvar la relación, evalúe si su decisión de terminar con ella puede entrañar algún peligro y actúe siguiendo unas mínimas pautas de seguridad y protección para usted y los demás miembros de la familia.
- Si el maltrato lo está sufriendo otro miembro de la familia es nuestra obligación tomar las medidas necesarias para proteger a la víctima.
- Cuando se producen situaciones de violencia o maltrato es pertinente acudir a los servicios médicos de urgencia para que evalúen el daño causado, lo curen. y, si es pertinente, emitan un informe de lesiones.
- Si está sufriendo maltrato y por alguna circunstancia no puede salir de la situación, acumule pruebas con todo tipo de detalles que le permitan poder demostrarlo en un futuro.

Webs de ayuda

Internet nos pone el universo del saber en la punta de los dedos. A veces la dificultad reside en encontrar con prontitud lo que buscamos.

Por otra parte, los contenidos y los sitios Web se están renovando constantemente y un libro es un soporte estático, por lo que existe el riesgo de que, pasado un breve plazo, los vínculos Web de las instituciones y organismos preocupados por combatir el maltrato y la violencia familiar hayan cambiado. Por esta razón he optado por no incluir un listado de páginas Web, no obstante quiero hacer una serie de consideraciones importantes a la hora de buscar ayuda en la red.

Por un lado, existe tal cantidad de información y de publicidad entrecruzada que, a veces resulta difícil seleccionar lo importante y distinguirlo de lo accesorio, por ello conviene que sepamos que no todo lo escrito es cierto ni está siempre actualizado. Es recomendable acceder a las páginas institucionales de los gobiernos nacionales o locales, de organismos internacionales como la OEA, ONU, UNICEF, etc., y otras asociaciones u organizaciones de reconocido interés público como IEPALA, SENDASAL, OPS, etc.

Estas páginas suelen estar vinculadas unas con otras, por lo que conviene estudiarlas a fondo. Además, con la ayuda de los buscadores como: google, yahoo, lycos, etc., podemos enlazar fácilmente con la Web que nos interesa.

Glosario

Alienación parental: maltrato psicológico de un progenitor (en proceso de separación) que manipula o dirige los sentimientos del hijo para su beneficio propio y exclusivo.

Autoestima: valoración de uno mismo, de la propia personalidad, de las actitudes y de las habilidades.

Autonomía: condición de la persona que tiene posibilidad de actuar y pensar independientemente del deseo de otros.

Bullying: acoso escolar, conductas agresivas y de maltrato por abuso de poder ejercidas de forma repetitiva e intencional por compañeros de clase de la víctima.

Carácter: tendencia hacia un tipo de comportamiento que manifiesta el individuo. En él intervienen principalmente las funciones psíquicas, así como la acción del ambiente (educación).

Cultura patriarcal: forma de organización política, económica, religiosa y social basada en la idea de autoridad y liderazgo del varón, en la que se da el predominio de los hombres sobre las mujeres y niños.

Doble victimización: conjunto de agresiones no intencionadas que incrementan el sufrimiento de la víctima en forma de prejuicios, incomprensión y rechazo de una parte de la sociedad.

Edadismo: prejuicios intensos y profundos hacia las personas mayores que provocan su discriminación por el simple hecho de ser mayores.

Empatía: capacidad de sintonía intelectual y emocional con otra persona o grupo, que pone en juego la **habilidad cognitiva** de una persona para comprender el universo emocional de otra, permitiéndole identificarse y ponerse en su lugar.

Estrés postraumático: trastorno que se desarrolla después de un acontecimiento traumático que conlleva la experimentación de horror o temor a consecuencia de la exposición a situaciones altamente traumáticas.

Ética: es una rama de la filosofía que se ocupa del estudio racional de la moral, la virtud, el deber, la felicidad y el buen vivir.

Guarda y custodia: atribución para vivir, cuidar y asistir a los hijos. Comprende todos aquellos aspectos derivados del quehacer diario (alimentación, cuidado inmediato, imposición de normas de disciplina, consuelo, estudio, etc.).

Identidad de género: proceso de identificación que cada ser establece a partir del conjunto de creencias, actitudes, valores y normas, conductas y roles que la sociedad ha establecido y que son esperables para un hombre o una mujer.

Mediación: técnica para la resolución de conflictos, en la que alguien imparcial facilita un espacio de diálogo a las partes enfrentadas para alcanzar una solución consensuada a sus diferencias, sin imponer soluciones ni opinar.

Maltrato: forma de agresión en el marco de una relación entre dos o más personas, consecuencia de tratar mal a una de ellas, menoscabando su integridad física, psíquica o moral, por acción u omisión para obtener el control sobre ella.

Mentalidad: conjunto de creencias que conforman el modo de pensar y actuar de un individuo o de una colectividad.

Moral: código del deber ser de cada cultura.

Otredad: idea o conceptualización que se tiene de lo que son los demás, los otros.

Patria potestad: derecho jurídico y biológico de los padres sobre los hijos menores, que lleva aparejada un conjunto de deberes y derechos de los padres en relación con los hijos menores de edad no emancipados y su protección.

Patriarcado: orden social caracterizado por relaciones de dominación en que la autoridad la ejerce el varón, jefe de familia y dueño del patrimonio, del que forman parte los hijos, la esposa y los bienes.

Personalidad: conjunto de rasgos psicológicos distintivos de un individuo que determinan una forma de pensar y de actuar única en cada sujeto en su proceso de adaptación al medio. Está marcada por su temperamento y por su carácter.

Salud psíquica: salud mental, ajuste de los seres humanos al mundo y a ellos mismos con un máximo de efectividad y felicidad.

Socialización: proceso de aprendizaje, adquisición e interiorización, por parte de un individuo, de las normas sociales y los elementos socioculturales propios de su medio social, integrándolos a la estructura de su personalidad.

Sororidad: solidaridad femenina, hermandad entre mujeres.

Síndrome del emperador: conducta tiránica y de maltrato que ejercen algunos niños sobre sus padres debido a la ausencia de normas o falta de autoridad de éstos, y que se manifiesta en un comportamiento agresivo.

Síndrome de Münchhausen por poderes: cuadro de maltrato por el que un adulto simula síntomas de enfermedad en su hijo, con objeto de ganar la atención y empatía de la sociedad.

TDAH: Trastorno por Déficit de Atención con Hiperactividad que se inicia en la infancia y se caracteriza por dificultades para mantener la atención, hiperactividad o impulsividad.

Temperamento: tendencia innata, base biológica del carácter, que está determinado por procesos fisiológicos y factores genéticos que inciden en las manifestaciones conductuales.

Tutela: poder concedido por la ley sobre la persona y bienes de un menor o incapacitado, en beneficio y para su proyección, bajo control judicial.

Víctima: persona que sufre un daño o perjuicio por culpa ajena o por una causa fortuita.

Violencia de género: violencia que se ejerce por parte del hombre sobre la mujer por el hecho de serlo y en función de su rol de género (violencia sexual, tráfico de mujeres, explotación sexual, mutilación genital, etc.).

Violencia doméstica: violencia ejercida sobre cualquier miembro de la comunidad familiar y que comprende todos aquellos actos violentos que se producen en el seno de un hogar y que perpetra, por lo menos, un miembro de la familia contra algún otro familiar.

Bibliografía

Álvarez, A. (2002). *Guía para mujeres maltratadas*. Junta de Comunidades de Castilla-La Mancha.

Arruabarrena, M.I. y de Paúl, J. (1994). *Maltrato a los niños en la familia: Evaluación y tratamiento*. Pirámide. Madrid.

Beck, U. y Beck- Geernsheim, E. (1998). *El normal caos del amor*. Esplugues de Llobregat. El Roure.

Bergman, O. (2011) *¡El machismo mata! Promoviendo una masculinidad libre de violencia*. ISP Collection. Paper, 1040.

http//digitalcollection.sit.edu/isp_collection/1040

Corsi, J. (1995). *Violencia masculina en la pareja. Una aproximación al diagnóstico y a los modelos de intervención*. Buenos Aires. Paidós.

Corsi, J. y Peyrú, G.M. (2003). *Violencias sociales*. Barcelona. Ariel.

Díaz, J., y otros. (1998). *Atención al Maltrato Infantil desde el ámbito sanitario en la Comunidad de Madrid*. Consejería de Sanidad y Servicios Sociales. Instituto Madrileño del Menor y la Familia.

Díaz, J., y otros. (2002). *Atención al maltrato infantil desde los servicios sociales*. Instituto Madrileño del Menor y la Familia. Consejería de Servicios Sociales. Comunidad de Madrid.

Diaz-Aguado,M.J. (Dir.). (2004). *Prevención de la violencia y lucha contra la exclusión desde la adolescencia*. Madrid: Instituto de la Juventud, Ministerio deTrabajo y Asuntos Sociales.

García, J. y Martínez, V. (Coord). (2012). *Guía práctica del buen trato al niño*. Madrid. IMC

Harris, M. (1990). *Antropología cultural*. Madrid. Alianza.

Heras, J. de las, (2005). *La sociedad neurótica de nuestro tiempo*. Madrid. Espasa Calpe.

Iborra, I. (2008). *Maltrato de personas mayores en la familia en España*. Valencia. Centro Reina Sofía.

Jiménez, P. (1999). *Guía de prevención de la violencia de género*. Consejería de Educación y Ciencia. Junta de Andalucía.

Jiménez, P. (1999). *Materiales didácticos para la prevención de la violencia de género*. Consejería de Educación y Ciencia. Junta de Andalucía.

Luengo, D. y Coca, A. (2007). *Hijos manipulados tras la separación. Cómo detectar y tratar la alienación parental*. Barcelona. Oxigen Viena Ed.

Marina, J.A. (2004). *Aprender a vivir*. Barcelona. Ariel.

Marina, J.A. (2008). *La pasión del poder*. Barcelona. Anagrama.

Marina, J.A. (2000). *Crónicas de ultramodernidad*. Barcelona. Anagrama.

Marina, J.A. (2004). *La inteligencia fracasada*. Barcelona. Anagrama.

Marina, J.A. (2006). *Aprender a convivir*. Barcelona. Ariel.

Marinoff, L. (2001). *Más Platón y menos Prozac*. Madrid. Ediciones B.